MELHOR EMPRESA

Maria Amalia Bernardi

Criadora da lista das 100 melhores empresas para você trabalhar

6ª Tiragem

A MELHOR EMPRESA

Como as organizações de sucesso atraem e mantêm quem faz a diferença

ELSEVIER

NEGÓCIO EDITORA

Copidesque: Newmar Pereira Vieira

Editoração Eletrônica: DTPhoenix Editorial

Revisão Gráfica: Jorge Luiz Luz de Carvalho

Elsevier Editora Ltda.
Conhecimento sem Fronteiras
Rua Sete de Setembro, 111 – 16º andar
20050-006 – Centro – Rio de Janeiro – RJ – Brasil

Rua Quintana, 753 – 8º andar
04569-011 – Brooklin – São Paulo – SP

Serviço de Atendimento ao Cliente
0800-0265340
sac@elsevier.com.br

ISBN 13: 978-85-758-9019-6
ISBN 10: 85-758-9019-0

Nota: Muito zelo e técnica foram empregados na edição desta obra. No entanto, podem ocorrer erros de digitação, impressão ou dúvida conceitual. Em qualquer das hipóteses, solicitamos a comunicação ao nosso Serviço de Atendimento ao Cliente, para que possamos esclarecer ou encaminhar a questão.

Nem a editora nem o autor assumem qualquer responsabilidade por eventuais danos ou perdas a pessoas ou bens, originados do uso desta publicação.

CIP-Brasil. Catalogação-na-fonte.
Sindicato Nacional dos Editores de Livros, RJ

B444m Bernardi, Maria Amalia
A melhor empresa: como as empresas de sucesso atraem e mantêm os que fazem a diferença / Maria Amalia Bernardi. — Rio de Janeiro: Elsevier, 2003. — 6ª reimpressão.

ISBN: 85-758-9019-0

1. Qualidade de vida no trabalho. 2. Satisfação no trabalho. 3. Comportamento organizacional. 4. Desempenho. I. Título.

03-1658 CDD – 658.314
CDU – 658.310.132

Às minhas filhas Bárbara e Eduarda, que pelo simples fato de acordarem todos os dias enchem a minha vida de alegria e me ajudam a ser uma pessoa melhor

e ao Hugo, meu marido, meu grande amor, minha luz

A todas as pessoas que se esforçam para fazer da empresa em que trabalham um lugar melhor por acreditarem que isso depende principalmente de boa vontade.

Agradecimentos

Ao meu amigo José Tolovi Júnior e a toda a equipe do Great Place to Work Institute do Brasil, muito obrigada pela simpatia e atenção com que recebem cada pedido de ajuda da minha parte. Obrigada, especialmente, ao empenho do consultor e professor Paulo Medeiros.

Prefácio

A relação entre empresas e pessoas vem passando por transformações incríveis no mundo todo, principalmente no nosso país, ao longo destes últimos dez anos. Os ambientes de trabalho eram recheados da sensação de segurança e estabilidade que por sua vez era correspondida por um comportamento de obediência e enquadramento aos traços culturais de cada organização. Mas o clima aqueceu muito e de repente, tornando a vida na organização um tanto quanto arriscada para os não empreendedores. A cola que unia empresas e pessoas foi pelo ralo.

Acompanhar e estudar este fenômeno têm sido a vida de Maria Amalia, seja como criadora de mecanismos de avaliação que ela mesma cita em sua obra, seja como pesquisadora que sempre foi pela sua formação e carreira de executiva jornalística. Orgulho-me de ter sido seu professor tempos atrás e seu articulista — portanto subordinado

— na *Você s.a.* nos três anos em que ela a dirigiu, e de ser seu amigo pessoal e da família.

Esta obra, que "deve" ser lida por todos os escalões executivos de qualquer organização, professores de gestão de pessoas e pesquisadores organizacionais, fornece riqueza de conceitos e exemplos do que chamamos de "nova cola organizacional", ou seja, como reconquistar a confiança das pessoas na empresa, que por sua vez vive um ambiente cada vez mais competitivo e, portanto, de altíssimo nível de vulnerabilidade. Digo reconquistar porque, nos últimos dez anos, a confiança foi destruída pelas reengenharias, *dowsizings*, terceirizações, fusões e aquisições, traindo as esperanças de seus então "pertencentes" que se fiavam na segurança e estabilidade ofertadas e mais que depressa aceitas.

Com grande assertividade, esta obra de Maria Amalia desvenda como recriar este ambiente de confiança, criticando severamente a manutenção da hipocrisia cordial dentro dos ambientes organizacionais, ou seja, a forte tendência de que as pessoas nas organizações, por lealdade ou simplesmente medo, fingem que existe confiança onde na verdade nenhuma há; simplesmente mostram-se educadas em nome de uma harmonia quando o cinismo e a desconfiança funcionam como venenos ativos pelos corredores, corroendo a própria existência da organização.

Ao abordar como criar esta confiança, a obra transita por arenas organizacionais, ou seja, espaços de luta, onde atribui ao topo da organização a busca de pelo menos quatro pilares de sustentação da alta performance: a prática do justo é um campo de luta enorme, pois o tratamento igual sempre foi muito cômodo para a gestão — tratar pessoas de performance diferente de forma diferente é que são elas, exige muita coragem; o culto ao humor de forma legítima e não por meio de festas programadas também se torna um grande sustentáculo de performance; o gostar de gente e, portanto, de relacionamentos me parece a área delicada, pois os executivos são levados por formação e necessidade de resultados a terem verdadeira paixão por coisas; e, finalmente, a atribuição de significado, ou seja, como fazer com que o trabalho realizado seja percebido pelas pessoas como aumento do valor de sua biografia profissional.

Para finalizar, quero deixar registrada a minha satisfação e minha honra em prefaciar este livro, pois conheço realmente suas reais intenções e de onde partiu. Um grande abraço e, realmente, parabéns pela sua coragem de registrar opiniões isentas.

Com muita admiração e respeito,

PEDRO MANDELLI
Sócio-Diretor da Mandelli Consultores Associados
Especialista em Concepção e Gestão de Mudanças e
Professor em Gestão de Pessoas e Mudanças da FGV/SP
e da Fundação Dom Cabral.

Sumário

Introdução

Em busca do recurso mais valioso (e mais escasso) para uma empresa: gente boa

Até algum tempo atrás, na verdade nem muito tempo assim, dirigentes de empresas brasileiras capazes de dizer em público que uma das suas prioridades era criar um ambiente de trabalho realmente bom nas organizações comandadas por eles corriam o sério risco de fazer papel de bobo entre seus pares. Principalmente se acreditassem, mesmo, no que diziam.

Bem-estar dos funcionários? Satisfação pessoal dos empregados? Preocupações com seus anseios e sonhos, materiais ou de outros tipos? Coisa de poeta, dizia-se. Executivo bom, executivo brasileiro macho, que sabe tudo, não liga para essas bobagens. Tocar uma empresa não é trabalho para gente que dá atenção para essas coisas. Se o empregado não está feliz na empresa, problema dele. A rua não está cheia de gente querendo emprego? De mais a mais, não adianta nada ficar querendo agradar o funcionário — por mais que se faça, ele nunca vai estar satisfeito. O resto é teoria de livro, moda que não se aplica na prática, ou, simplesmente, frescura.

No máximo, e assim mesmo só de vez em quando, de acordo com a cultura empresarial que tradicionalmente predominava no Brasil, destacar a importância dos funcionários era coisa para se colocar em discurso, mas não — nunca, pelo amor de Deus! — para se fazer. Salários e benefícios básicos de mercado, pagamento em dia e atendimento à legislação trabalhista — eis o que definia uma boa, ou excelente, empresa para trabalhar.

Hoje não é mais assim.

Mudou o país, mudou a economia, mudaram os valores e, por força disso tudo, mudaram as condições reais em que uma empresa funciona. Dentro das condições que vigoram no momento atual, a qualidade da força de trabalho passou a ser um fator decisivo para o bom desempenho de uma organização ou, até mesmo, para sua mera permanência ativa no mundo dos negócios. E quem fala em qualidade da força de trabalho está falando, obrigatoriamente, em funcionários motivados, competentes naquilo que fazem e capazes de entender que têm objetivos comuns com a empresa — coisas cuja existência só é possível *se uma clara maioria deles estiver plenamente satisfeita com o lugar onde trabalha.*

Foi-se a época, assim, em que o dirigente empenhado em dar prioridade à excelência do ambiente de trabalho era considerado frouxo e em que esse tipo de atitude era motivo de piadas. O estranho, hoje em dia, é justamente o contrário: encontrar quem ainda acredite que uma organização com ambições de crescer e disputar um dos primeiros lugares na sua área de atuação possa ignorar o quanto as pessoas que integram seu quadro de colaboradores são essenciais.

Bem... mas será que é mesmo assim? Afinal, todo mundo conhece empresas onde a dedicação do alto-comando ao bem-estar dos funcionários está longe de ser uma prioridade, ou fica apenas no campo das intenções e dos discursos, nunca chegando a se transformar em vantagens reais no dia-a-dia do trabalho. (Essa lista pode começar na própria empresa onde você trabalha.) Tal impressão se agrava em momentos como os que temos vivido ultimamente, quando a economia está patinando, o desemprego atinge a maioria dos setores de atividade e o mercado de trabalho, em geral, se mostra pouco animador. As empresas se fecham. Quem está fora dificilmente consegue entrar. Quem sai dificilmente consegue uma boa recolocação. Quem fica está preocupado. São muitas as histórias de frustração: baixa remuneração, carreiras travadas, corte de benefícios, frieza do primeiro escalão (ele próprio assustado com a situação) diante dos desejos e expectativas dos empregados, insegurança quanto ao futuro. Em resumo: "Quem não estiver satisfeito aqui..." parece ser o pensamento do dia em muitos lugares.

Sim, o Brasil está cheio de empresas onde a idéia de promover a satisfação dos funcionários como um princípio-chave do negócio não é um valor efetivo, aplicado de maneira consistente e concreta na vida real do ambiente de trabalho. (Embora, insistindo no que foi dito anteriormente, essa realidade raramente seja admitida em voz alta.) Sim, o atual momento econômico não é favorável a muitos setores, com conseqüências inevitáveis no relacionamento entre a direção corporativa e o quadro de pessoal. Mas nada disso faz desaparecer a outra realidade, objetiva e irreversível: na vida empresarial de hoje, *a qualidade da força de trabalho tornou-se o fator individualmente mais crucial para o êxito de uma organização.*

O mau entendimento desse conceito, ou o desinteresse em aplicá-lo, pode persistir em muitas empresas, mas não é uma postura que tenha uma aceitação crescente, muito pelo contrário. O momento difícil da economia pode atrapalhar as coisas, mas não vai durar para sempre, e muito menos para todos. Quem não perceber isso estará confundindo a árvore com a floresta.

A grande verdade, que não pode ser ocultada de quem pense com objetividade e inteligência, é que, para terem condições de competir no mercado atual, com possibilidades reais de vencer, as empresas precisam de um ativo fundamental: gente talentosa. O talento é, hoje, *o recurso mais escasso e valioso das corporações*. O capital pode, cada vez mais, ser obtido com boas idéias e bons projetos. As estratégias de crescimento podem ser imitadas. Os produtos podem ser copiados. A tecnologia pode ser comprada. Mercados podem ser disputados com rivais, desbravados ou até mesmo criados. E o dinheiro, numa situação de maior normalidade da taxa de juros, pode ser emprestado. Se tudo se equivale, o que leva, então, uma empresa a se diferenciar realmente de outra? Ter em seu quadro funcionários talentosos — ou mais talentosos do que os da concorrência. Parece simples e óbvio. Mas responda depressa: o que sua empresa está fazendo, agora, para transformar em fatos concretos esse "simples e óbvio"?

Atenção! Quando falo em talento não estou, de jeito nenhum, falando em genialidade. Vamos esquecer, desde já, a noção (ou a fantasia) de que uma equipe talentosa é uma equipe de gênios, de cérebros excepcionais que têm uma idéia fabulosa por dia, criam novidades incríveis e sabem as respostas para todas as perguntas. Talento, para efeito de excelência de um quadro de profissionais, é a capacidade de pensar direito e a habilidade de transformar corretamente pensamento em ação. Gente talentosa é gente capaz de identificar soluções, distinguir o que funciona do que não funciona e saber, de verdade, fazer bem alguma coisa — qualquer coisa. É algo que pode (e precisa) estar presente em todos os níveis de uma organização. Tão importante quanto o talento para conceber grandes estratégias e grandes cartadas, é o talento do operário que faz uma peça perfeita, ou do vendedor que sabe voltar com o "OK" do cliente, ou ainda, da operadora de *call center* que não se conforma em dizer que o problema levado à tela do seu computador é insolúvel — e não abandona a ligação enquanto não tiver achado uma solução satisfatória para quem está falando com ela.

O que levaria as pessoas a trabalharem assim? Como as empresas poderiam atrair e manter em seus quadros esse tipo de gente? Em suma, o que as corporações deveriam fazer para construir a tão necessária qualidade da sua força de trabalho? A resposta para isso é, basicamente, uma só: *criar um ambiente de trabalho onde os funcionários se sintam bem, muito bem*. Fazer as pessoas se sentirem bem, naturalmente, não depende de um único fator. Um bom ambiente, desses de onde a gente não tem vontade de sair, é composto por um conjunto de diferentes elementos, que serão detalhados mais adiante. Os adjetivos utilizados com mais freqüência para descrevê-lo são "atraente", "saudável", "estimulante", "diferenciado", "especial" e outros no mesmo tom. Mas o que realmente importa para quem trabalha numa empresa é que ela seja essas coisas todas, ou a maioria delas. Não adianta a alta liderança acreditar que está fazendo o melhor para os funcionários se eles próprios não estiverem convencidos de que trabalham numa empresa realmente boa. Eles têm que sentir, nos detalhes do dia-a-dia, que as coisas são assim. Satisfação no trabalho não é o resultado da aplicação de um conjunto de normas. É algo que se vive, que se experimenta e, principalmente, que cada indivíduo pode identificar na sua realidade pessoal, com uma afirmação espontânea e simples: "Sim, estou muito satisfeito na empresa onde trabalho."

Basicamente, é essa percepção clara que sustenta aquela que é, no fim das contas, a idéia central disso tudo: motivação.

Só construindo, mantendo e aprimorando um ambiente onde as pessoas trabalhem motivadas é que as empresas conseguem inovar mais, produzir mais e lucrar mais. É claro que esse ambiente tem que estar acompanhado de bons pacotes de remuneração. Mas a remuneração por si só, por melhor que seja, não segura um profissional talentoso — se não estiver satisfeito com valores que vão além do dinheiro, basta que lhe ofereçam mais para que ele vá embora.

Inovar mais? Produzir mais? Lucrar mais?

Sim, pois o ambiente econômico do Brasil hoje é radicalmente diferente do que era não muitos anos atrás, e essa mudança colocou em primeiro plano a importância de gente motivada, talentosa e competente dentro das empresas, de ponta a ponta do quadro hierárquico. Vale a pena insistir, mais uma vez, que os problemas atuais da economia podem concentrar as maiores preocupações e urgências dos dirigentes de empresas neste momento, mas não invalidam a realidade das transformações ocorridas no mundo de negócios brasileiro. (Na verdade, pode-se até dizer que, em fases de dureza, a qualidade dos funcionários torna-se ainda mais importante.)

A pedra de toque dessas transformações é a abertura da economia. As empresas que operam no Brasil deixaram de ser protegidas pelo governo, passaram a enfrentar a concorrência internacional e sentiram também a emergência de competidores nacionais. Surgiu, cada vez com mais força, o fenômeno da consciência do consumidor e da necessidade de dar prioridade à satisfação do cliente. Preço competitivo, qualidade dos produtos e serviços e bom atendimento passaram a ser fatores decisivos para o bom desempenho das empresas. Novas tecnologias não param de surgir, tanto em termos de produto como em termos de processos, e obrigam as companhias a trabalhar de maneira muito mais dura para não se tornarem rapidamente obsoletas. Em resumo: o mercado ficou (e continua) cada vez mais exigente. Exigente em matéria de qualidade, eficiência, produtividade, satisfação dos clientes e fornecedores, criatividade, lançamento de novos produtos e serviços. *Passou a existir, claramente, a possibilidade de que alguém esteja fazendo — ou logo venha a fazer — tudo isso melhor do que a sua empresa.* E aí...

Uma segunda questão, tão importante quanto a que acaba de ser descrita, diz respeito à rentabilidade. As cobranças, como muitos leitores que convivem com elas sabem perfeitamente, são constantes dentro das empresas, sobretudo nas mais organizadas e focadas no seu negócio. Exigem-se, cada vez mais, os melhores retornos sobre o capital investido, as melhores margens, as melhores performances financeiras. Cobra-se maior participação no mercado, mais racionalidade nos custos, melhor gestão dos recursos. As metas anuais que os executivos têm que atingir para efeito de bônus ou outras formas de remuneração variável tornam-se cada vez mais rigorosas. O EBITDA e outros mistérios gerados nos escritórios multinacionais de contabilidade para aferir performances (dos outros, é claro) passaram a fazer parte da sua vida. Ah, como era mais fácil a vida nos tempos em que não havia EBITDA...

Muito bem, não há nenhuma possibilidade de competir de verdade, de se obter as taxas de rentabilidade exigidas pelos acionistas e ser uma empresa de sucesso no novo ambiente econômico que vigora no Brasil (e sossegar o EBITDA!), sem uma excelente força de trabalho dentro da organização — gente motivada, entusiasmada, eficiente, disposta a dar o melhor de si. Gente que perceba que os seus interesses e os interesses da empresa em que trabalham não são opostos, coincidem. Gente talentosa, dedicada, capaz de resolver problemas. Gente com interesse e capacidade de criar soluções. Gente que acredita naquilo que faz, que tem orgulho daquilo que faz, que quer melhorar cada vez mais aquilo que faz. Enfim, gente que se sinta bem onde está.

De pouco adianta a uma empresa — às vezes não adianta nada — ter capital, tecnologia, nome, grandes marcas, os melhores equipamentos, se a força de trabalho (ou seja, se as pessoas) está trabalhando mal, sem interesse, sem inspiração, sem compromisso com objetivos comuns e com os objetivos da organização. Uma empresa, por si só, não é nada — *ela é o resultado direto e inevitável das pessoas que ali trabalham.*

E como se consegue reunir pessoas que tenham as condições descritas anteriormente? Como atrair e reter esse tipo de gente? Como fazer com que trabalhem assim? Resposta: sendo uma ótima, uma excelente empresa para trabalhar.

O que é ser uma ótima, uma excelente empresa para trabalhar? Responder a essa pergunta é o objetivo deste livro — e vou respondê-la com base na minha experiência pessoal.

Nos últimos nove anos tenho vivido bem de perto as questões ligadas ao ambiente de trabalho. Primeiro como editora da revista *Exame*, onde tinha a meu cargo todos os temas sobre carreira, vida profissional e relações humanas dentro das empresas. Depois como diretora de redação da revista *Você s.a.*, publicação que nasceu da área que eu fazia na *Exame* e que, portanto, me permitiu continuar tratando desses temas. Nesse meio-tempo, em 1997, tive a oportunidade de criar o *Guia Exame — As Melhores Empresas para Você Trabalhar*, projeto do qual estive à frente em suas quatro primeiras edições. E no último ano, ajudando empresas a melhorarem com a minha consultoria.

Esse trabalho me permitiu participar, direta ou indiretamente, de centenas de reportagens, pesquisas, levantamentos e investigações sobre a qualidade das condições de trabalho nas empresas brasileiras. Pude observar a vida de muitas organizações por dentro. Entrevistei pessoalmente centenas de funcionários, executivos de diferentes graduações, empresários. E dessa vivência acredito ter adquirido um bom entendimento do conjunto de coisas que faz com que as pessoas gostem muito da empresa onde trabalham. De forma resumida, posso dizer que as pessoas gostam e permanecem na empresa se elas percebem — com clareza — que podem crescer profissionalmente, se sentem que são respeitadas, que são ouvidas e consideradas, se o ambiente é amigável e justo, e se são bem-remuneradas. Ao contrário do que muitos dirigentes de empresas pensam, de todos esses fatores, apenas a remuneração e o crescimento (que em geral requer treinamento) envolvem maiores investimentos em dinheiro. Os outros, que são a grande maioria, não custam praticamente nada. Requerem somente atitudes, ações e comprometimento — sobretudo do presidente e dos seus subordinados diretos.

Dos 11 capítulos que compõem este livro, 10 mostram os elementos que, na minha visão, são os que realmente impactam o ambiente de trabalho e pesam a ponto de um profissional querer ou não ficar na organização. Eles valem para qualquer tipo de empresa, de qualquer tamanho ou setor, e até mesmo de qualquer país. Como já disse, uma empresa, por si só, não é nada, mas sim o resultado das pessoas que ali trabalham. E em qualquer parte do mundo, as pessoas são iguais, têm os mesmos sentimentos. Gostam de ser bem tratadas, de conviver com gente confiável, de ter oportunidades, de ser ouvidas, de ser respeitadas. Não gostam de humilhações, de descaso, de injustiça, de mentiras, de "mau-caratismo" e de falta de perspectiva.

Ao fim de cada capítulo, há uma súmula dos pontos principais ali apresentados. E também exemplos de empresas — do Brasil ou de outros países — que revelam o que elas estão fazendo para buscar e reter esse ativo tão precioso: profissionais de qualidade.

Como surgiu o *Guia Exame*

Tive a idéia de fazer o *Guia Exame — As 100 Melhores Empresas para Você Trabalhar* em outubro de 1996, quando, numa livraria de Nova York, vi um livro chamado *The 100 Best Companies to Work for in America*, do jornalista Robert Levering. Levering, que até então eu não conhecia, havia feito um extenso levantamento sobre as melhores empresas americanas para trabalhar, e seu livro era o resultado desse estudo. O livro era antigo — a primeira edição tinha sido lançada em 1985 —, mas tornara-se um best-seller. Nove anos depois, ele havia atualizado seu trabalho e lançado a segunda edição (a que eu vi). O tema já era do meu interesse há algum tempo. Em maio de 1994, eu tinha feito uma matéria de capa na *Exame* mostrando as empresas onde era bom trabalhar (o título da capa era esse). Entretanto, o que mais me entusiasmou em relação ao trabalho de Levering foi o método simples e eficaz que ele usou para selecionar as empresas: quem dizia se elas eram boas ou não eram seus próprios funcionários.

Resolvi, então, fazer no Brasil o mesmo levantamento que Levering fizera nos Estados Unidos. Só que o resultado, em vez de livro, seria publicado em forma de revista e atualizado anualmente. Assim nasceu o *Guia Exame*, que já está em sua sétima edição. Ele foi o primeiro guia do gênero no mundo. No ano seguinte, em 1998, a revista *Fortune* passou a fazer e, de lá para cá, várias publicações de diferentes países foram aderindo à idéia de selecionar suas melhores empresas para trabalhar. Atualmente, 25 países possuem essa lista. Todas, assim como a *Exame*, a fazem em parceria com o Great Place to Work Institute, consultoria que Levering acabou montando. No primeiro ano do *Guia Exame* não foi muito fácil conseguir que as empresas participassem. Elas tinham medo de se expor, relutavam em ser julgadas por seus próprios funcionários. Tanto assim que tive que ligar para o presidente de muitas das empresas que participaram naquele ano para conseguir um número que fizesse sentido. Mas com a visibilidade que as empresas classificadas tiveram no ano seguinte, em 1998 o *Guia* estourou.

Tenho muito orgulho desse projeto porque o considero uma coisa do bem. Ele motiva as empresas a pensarem nos seus funcionários, o que é bom para elas mesmas e, claro, para eles também.

1

Oportunidade de crescimento para as pessoas

O funcionário tem que ter motivos reais para acreditar que sua vida profissional está indo para a frente

Um bom ponto de partida para que uma empresa possa figurar entre as melhores do país para trabalhar está em deixar muito claro e muito facilmente compreensível para cada empregado que a empresa *dá ampla oportunidade ao seu crescimento pessoal*. Não apenas isso: ela deve demonstrar que está efetivamente interessada nesse crescimento.

"Crescimento pessoal" dentro de uma empresa é algo que pode ser entendido de diversas maneiras e significar coisas diferentes para pessoas diferentes, mas que, no fundo, se define por um tripé de fatores básicos: *realização*, *êxito* e *ascensão*. A estrada começa aqui. É impossível ter qualquer pretensão de ver um bom profissional satisfeito com a empresa se não fica visível para ele que o ambiente de trabalho à sua volta vai permitir que se realize profissionalmente, tenha sucesso na execução de suas tarefas e perspectivas de ascensão na carreira. Em suma: a pessoa deve acreditar que sua vida profissional está indo para a frente, não apenas dentro da empresa mas também em termos de valorização no mercado de trabalho em geral.

Isso é muito menos uma questão de regras e muito mais uma questão de prática. Vamos esquecer um pouco os planos de carreira, as avaliações e toda a burocracia que cerca a administração dos recursos humanos. Sim, trata-se de instrumentos úteis, provavelmente indispensáveis, mas são apenas isso, instrumentos cuja eficácia depende da inteligência e habilidade com que são aplicados. O que interessa mesmo para as pessoas é ver, concretamente, no seu dia-a-dia, que as oportunidades de crescimento dentro da empresa existem na vida real, que estão abertas de verdade para todos e para cada um — e não ficam confinadas aos manuais e comunicados do RH. *Elas querem ver as coisas acontecerem em volta delas e com elas.*

A primeira dessas coisas, muito naturalmente, é sentir-se bem-remunerado. Ninguém consegue acreditar que está crescendo, ou tem chances de crescer, se julga que seu salário é inferior ao do mercado, não corresponde à competência com que executa o seu trabalho e, principalmente, está parado há muito tempo. O mesmo se pode dizer dos benefícios: se eles são fracos ou inexistentes, é difícil a pessoa achar que as coisas estão dando certo na sua vida profissional. Mas salários e benefícios (um tema que será tratado mais adiante) são apenas a medida mais imediata para um funcionário aferir o seu crescimento pessoal. Há outros fatores decisivos — e, sem eles, o empregado não sentirá que está crescendo, mesmo que se considere bem pago e nada tenha a reclamar de sua remuneração.

Entre esses fatores, um dos mais importantes é o sentimento de realização. Trata-se, em qualquer organização, de um elemento crítico para a existência de um clima organizacional de alta qualidade. Criar condições para que tal sentimento possa existir deve ser, portanto, um objetivo permanente da empresa no relacionamento com os funcionários. *"Eu estou me sentindo realizado aqui dentro" — o que é preciso para ouvir de um colaborador essa frase mágica?* O sentimento de realização dentro da empresa se manifesta por meio de um conjunto de percepções muito bem definidas. Ter orgulho pelas tarefas executadas, por mais simples que sejam ou pareçam ser, é uma delas. Nenhum funcionário pode considerar que está se realizando profissionalmente se sente apenas indiferença — ou, pior ainda, aversão ou vergonha — por aquilo que faz no seu dia-a-dia de trabalho. A empresa pode ajudar de maneira decisiva na construção desse orgulho, estimulando, individualmente, seus empregados a darem importância às tarefas que executam. A chave para se conseguir isso é manifestar em todas as oportunidades possíveis, por meio de palavras e reconhecimento, que *qualquer serviço bem-feito é essencial para o bom desempenho da empresa como um todo.* Aqui, a postura essencial é expressar respeito pelo trabalho que cabe a cada um — e deixar claro que ser competente não depende do posto que a pessoa ocupa na organização e sim da capacidade de cumprir um dever com eficácia. Não se deve considerar que há responsabilidades maiores ou menores, mais ou menos nobres. Há responsabilidades — e todas têm o seu valor.

Junto com o orgulho pelas tarefas executadas caminha a consciência de se realizar algo relevante ou útil — seja para a empresa em si, seja para os consumidores ou clientes, seja para a sociedade. É importante, assim, que a empresa se esforce para ajudar os funcionários a compreenderem a relevância e a utilidade do seu trabalho. Igualmente fundamental para a realização individual do empregado é a sensação de estar participando ativamente das decisões, das metas e dos êxitos da organização. A noção de que seu trabalho não conta, não ajuda ou não faz diferença para a missão da empresa é um jato de água gelada no julgamento que qualquer pessoa faz a respeito de sua própria realização profissional.

Contam muito, também, as possibilidades reais que a empresa oferece para os funcionários terem condições de influir na formatação do próprio trabalho. Poder mudar a maneira de executar as tarefas que lhe são atribuídas, ter chance de colocar em prática idéias pessoais para melhorar seu desempenho, sentir-se responsável pelo desenho de suas funções, tudo isso é altamente eficaz para o sentido de realização de um funcionário. A regra básica, aqui, pode ser muito simples e objetiva: *se o formato que a pessoa prefere para o seu trabalho dá bons resultados e modifica as coisas para melhor, qual é o problema?*

Considerar-se realizado significa sentir *prazer no trabalho*. A pessoa precisa gostar do que está fazendo, *curtir* a função que a empresa lhe paga para executar; enfim, ter vontade de ir todos os dias para o trabalho, não apenas porque precisa, mas porque gosta. É a velha história: o sujeito de vendas não vai ser feliz no departamento de compras... Muitas vezes, excelentes funcionários estão no lugar errado — como podem sentir prazer no que fazem? Outro elemento crucial, em termos de realização, é *a admiração do funcionário pela empresa*. Isso pode manifestar-se de várias maneiras: admiração pelo que a empresa faz, pela boa qualidade de seus produtos ou serviços, pela postura e comportamento de suas lideranças, pelos valores que pratica, pelos métodos de gestão que utiliza, por seu prestígio junto ao público, por sua posição no mercado, por seus avanços e conquistas, por sua criatividade, por sua tecnologia... e por aí vai. O fundamental é que a admiração exista — e que a empresa forneça motivos reais para isso.

Realização profissional, quase sempre, envolve *a possibilidade de tocar projetos*. É comum se ouvir que uma empresa é a soma dos projetos que está executando a cada momento. *O mesmo se aplica ao empregado: profissionalmente, ele é aquilo que faz.* Dificilmente alguém pode sentir que está se realizando, ou em crescimento, se não tem um projeto a seu cargo, algo pelo qual seja realmente responsável, que possa chamar de "seu" e cuja execução dependa de sua iniciativa, esforço e capacidade pessoais. Não é necessário que se trate de um projeto importantíssimo, capaz de fazer diferença de vida ou morte para a empresa. Basta que seja um projeto, qualquer um, desde que faça sentido e sirva para algum objetivo útil. Também não é indispensável que esse projeto seja estritamente individual. Pode perfeitamente tratar-se de uma missão em equipe, desde que o profissional tenha a percepção de sua responsabilidade no conjunto e a convicção de que sua parte no trabalho do grupo é importante para se atingir a meta final.

Outro fator essencial, em termos de crescimento, é o *aperfeiçoamento profissional,* um ponto que vem se tornando cada vez mais valorizado hoje em dia entre os funcionários de uma empresa. As pessoas prestam atenção crescente, no mercado de trabalho competitivo em que vivemos, à sua própria qualificação como profissionais. Estou me tornando mais competente? Estou eliminando deficiências e ganhando habilidades que não tinha? Estou aprendendo coisas que não sabia? *Em suma: sou hoje um profissional melhor, mais capaz e mais qualificado do que era seis meses ou um ano atrás?* A resposta afirmativa a essas perguntas é absolutamente crítica para o indivíduo sentir que está crescendo no trabalho — e se valorizando profissionalmente. Treinamento é a palavra-chave nesse caso. Raras são as empresas que atualmente não têm programas de treinamento — mais ou menos ambiciosos, mais ou menos puxados — para seus funcionários e que não apresentam com orgulho tabelas demonstrando quantas horas por ano seus empregados passam em cursos, seminários, *workshops*, grupos disso ou daquilo. Ainda assim, um bom número delas freqüentemente não é capaz de responder com clareza qual é a real eficácia desse esforço todo. O importante, para se aferir o sucesso de um programa de treinamento, é a quantidade e a qualidade dos conhecimentos que estão sendo efetivamente adquiridos pelos empregados. Esses programas têm que ensinar coisas úteis — e que sejam claramente percebidas como úteis pelas pessoas. Devem fornecer instrumentos para se trabalhar com mais eficiência e mais facilidade. Precisam, no fim das contas, deixar o funcionário em condições de dizer para si mesmo: "Sim, aprendi algo que vai me ajudar de verdade a fazer melhor o meu trabalho, ou a fazer coisas que não sabia."

Por fim, qualquer organização que queira mesmo propiciar uma atmosfera onde os funcionários tenham razões para acreditar que podem realizar-se e crescer precisa ter *uma política eficaz de promoções*. Ninguém sentirá que está indo para a frente numa empresa onde não tem condições de esperar, com realismo, que possa ser promovido para um posto acima, para um salário melhor e para funções mais atraentes caso esteja melhorando seu desempenho e apresentando mais resultados. Os planos de carreira, assim, são fundamentais. Como desenhar um bom plano de carreira? Como montar uma boa política de promoções? Como casar as melhores práticas da área com a realidade da empresa? Não faltam hoje no mercado profissionais e empresas competentes nesse tipo de trabalho. O mais importante, porém, não é o plano de carreira em si. O que vale, mesmo, é que ele tenha regras claras, coerentes e rapidamente compreensíveis para todos os funcionários. Os avanços que propõe têm que ser relevantes. E, sobretudo, *precisa ficar evidente que promoção é algo que pode acontecer, de verdade, com todos e a cada um, ou seja, com qualquer colaborador que executar o que está combinado nas normas* — e não algo que depende de sorte, que só acontece com "os outros".

Poucas coisas são tão nocivas para o clima de uma organização quanto a sensação de que esta não oferece perspectivas verdadeiras de progresso na carreira e de melhoria na capacitação de seus funcionários como profissionais. Um projeto que, de fato, queira aprimorar o ambiente de trabalho deve incluir, entre suas prioridades, a introdução ou o aperfeiçoamento de sistemas que permitam desenvolver as perspectivas de avanço profissional. Para isso, medir o sentimento de realização dos funcionários e buscar meios para incentivá-los de forma permanente são tarefas cruciais em projetos de clima.

Tome Nota

- *Realização, êxito e ascensão — para alguém sentir que está crescendo, a estrada começa aqui.*
- *As pessoas querem ver as coisas acontecerem em volta delas e com elas — na vida real, portanto, e não apenas nos manuais de RH.*
- *É essencial que as pessoas tenham projetos para tocar.*
- *A frase mágica: "Estou me sentindo realizado aqui dentro."*

DuPont

Em seus 200 anos de história e quase 70 de Brasil, esta empresa tem muito a ensinar em matéria de gestão de pessoas. Seus 85 mil empregados espalhados pelo mundo convivem com uma regra muito estimulante: ninguém precisa querer exercer a mesma atividade a vida inteira. Quando isso acontece, não é necessário mudar de empresa — basta mudar de área dentro da própria companhia. A DuPont entra com os treinamentos específicos, a pessoa entra com o esforço e pronto: em geral dá certo e as duas partes ficam felizes. Lá dentro é considerado natural que alguém que entrou como atendente queira crescer. Se a empresa percebe que o funcionário está realmente se esforçando e mostrando resultados, facilita as coisas e o empurra para cima. Além disso, para segurar seu pessoal, de tempos em tempos a DuPont vende suas ações internamente a preços vantajosos.

McDonald's

Eis uma empresa onde é possível que jovens de qualquer classe social consigam emprego com facilidade aos 16 anos, completem o ensino médio, façam uma faculdade e, menos de 10 anos depois, se transformem num executivo. Não se trata de uma declaração de boas intenções: são fatos que acontecem com freqüência dentro da companhia. O salário dos primeiros anos é baixo, é verdade. Mas as perspectivas de carreira são visíveis, uma vez que a rede de lanchonetes não pára de crescer (em todo o país são abertos, anualmente, mais de 150 novos pontos de venda, entre restaurantes e quiosques) e as chances são iguais para todos. No Brasil, mais da metade dos funcionários que hoje são gerentes e diretores entrou na empresa como atendentes, o grau mais baixo na escala hierárquica da companhia. Não poderia haver prova melhor de que a ascensão interna é uma realidade no McDonald's.

O atendente só passa a fazer atendimento no caixa depois de um rigoroso treinamento. À medida que vai se destacando em seu trabalho, vai sendo promovido. Primeiro, a treinador; depois, a coordenador de equipe, a *trainee* de gerente, segundo assistente, primeiro assistente e, finalmente, gerente-operador, o cargo máximo dentro de um restaurante. Em todas as etapas do seu crescimento, o funcionário recebe cursos de reforço nos Centros de Treinamento Regionais. Depois disso, há ainda diversas possibilidades de carreira na própria área de operações, ou em outras, até chegar a um posto de executivo da empresa.

Edward Jones

Eleita dois anos seguidos (2002 e 2003) a melhor empresa para trabalhar dos Estados Unidos pela revista *Fortune*, esta corretora de ações, que fatura US$2,1 bilhões por ano, tem como clara prioridade investir pesado no seu pessoal. Destina todos os anos quase 4% do seu faturamento para treinar os funcionários e, assim, garante uma média de 146 horas anuais de aulas para cada um deles, o equivalente a quase 20 dias inteiros de trabalho. Novos corretores, na fase mais intensa do treinamento, chegam a passar a maior parte do expediente — mais de quatro horas por dia — estudando. A Edward Jones investe nos funcionários e os funcionários investem na empresa. Destes, 25% são sócios da corretora — e olha que são 25.278 empregados. Resultado: enquanto muitas empresas de Wall Street estão encolhendo, e a cada dia mais terceirizando suas atividades, a Edward Jones não pára de contratar.

Grupo Algar

O Grupo Algar, de Minas Gerais, atua nas áreas de *agribusiness*, telecomunicações, entretenimento e serviços; tem quase 7 mil empregados e fatura R$1,4 bilhão por ano. As pessoas têm constantemente oportunidade de crescer na carreira, e não é pelo simples fato de a empresa ser grande. É porque o Algar realmente *quer* que as pessoas se desenvolvam e *mostra* isso o tempo todo. Nos últimos cinco anos, a empresa investiu de R$3 milhões a R$5 milhões, por ano, em treinamento. O trabalho da Unialgar, a universidade corporativa do grupo, é considerado *benchmark* no mercado. Todos os anos, vários "associados" (os funcionários são chamados assim no Algar) vão para o exterior participar de visitas técnicas a outras empresas, com o objetivo de trazer para o Brasil o *know-how* dessas organizações.

Entre os programas desenvolvidos pelo departamento de talentos humanos (é esse o nome do departamento de RH) há um em que os diretores apontam talentos da equipe que tenham potencial para ocupar cargos de comando no futuro. A partir daí, esses "potenciais sucessores" passam a ser preparados de forma diferenciada. Há também um Programa de Desenvolvimento Individual (PDI), com treinamentos personalizados, duração de dois anos e avaliação anual. Em suma, a cada ano que passa os funcionários do Algar conseguem perceber que aprenderam mais, que cresceram mais e, o mais importante, que a coisa não vai parar por aí.

2

Liberdade de pensar, de falar, de agir

Os melhores profissionais só aparecem (e crescem) em ambientes onde exista liberdade de expressão

Este é outro ponto-chave na construção de um grande ambiente de trabalho. Para ser vista por seus colaboradores como uma empresa realmente atraente, é essencial que exista ali uma atmosfera de liberdade. Quando avaliam a qualidade da organização em que trabalham, as pessoas estão valorizando cada vez mais a existência de um clima que lhes permita realizar suas tarefas da maneira que acham melhor, que lhes permita empreender, que lhes permita organizar-se pessoalmente com um grau maior de autonomia. *Os bons profissionais aceitam cada vez menos normas que não entendem, e que lhes tolhem os movimentos de uma forma que não consideram lógica.* Ficam cansados rapidamente quando percebem que seu trabalho é supervisionado a cada minuto. Ficam frustrados — e desmotivados — se a empresa transmite a sensação de que não acredita em seu senso de responsabilidade, sufoca a sua capacidade de pensar individualmente ou demonstra, por meio de regras, processos e controles, que desconfia de gente inclinada a raciocinar e ter iniciativa. Os bons profissionais querem compreender o trabalho que fazem, e por que devem fazê-lo desta ou daquela maneira, neste ou naquele sistema. Querem espaço para ter idéias, para tentar fazer as coisas de maneira diferente do que se fazia, para propor soluções próprias. Obviamente, querem ser ouvidos. E querem opinar sem o receio de que isso vá lhes causar problemas.

É fácil imaginar a objeção automática a esse tipo de colocação. E a disciplina? Uma organização requer uniformidade nos processos, normas comuns a todos, regularidade nos desempenhos, sem o que não é viável o indispensável trabalho em equipe. Os objetivos da empresa devem se sobrepor aos indivíduos. Não se pode viver em clima de assembléia, onde tudo se discute, tudo se questiona e cada um se dá o direito de pensar e agir segundo melhor lhe parece, de cumprir ou não as instruções que recebe. Na essência, tudo isso está certo, certíssimo. Mas a questão não está em abrir mão da disciplina. Está em aprender *como é possível construir e manter um ambiente disciplinado e livre ao mesmo tempo.* O instrumento decisivo para isso é o compromisso claro e sincero da empresa em estimular a expressão individual de cada funcionário e a plena circulação de idéias. O que surgir de positivo disso é aproveitado. O que não fizer sentido deixa-se de lado, bastando que se demonstre racionalmente ao empregado porque aquilo que ele pensa ou propõe não funciona. Acima de tudo, deve ficar entendido que a liberdade individual de um funcionário não pode se sobrepor aos direitos dos demais, nem ser utilizada de forma a prejudicar os objetivos, valores e interesses da empresa.

Algumas empresas (e talvez sejam mais que algumas...) têm enorme dificuldade em entender uma noção bem simples: seres humanos normais, em geral, aceitam muito bem a racionalidade. Não insistem em levar adiante coisas que briguem com a lógica, com os fatos, com os números, com a inteligência — enfim, com a realidade. Não fazem propostas absurdas. Diferenciam, muito bem, liberdade de caos. Não acreditam em anarquia. Uma vez que entendam porque isso *tem que ser assim*, ou porque aquilo *não pode ser assim*, concordam de bom grado com uma postura diferente da sua. (E os que não aceitam, pois sempre há quem não aceita? Bem, estes não servem... A única atitude a tomar é livrar-se deles.) O importante é não ter medo do fluxo de idéias, opiniões e posições pessoais e, por conseqüência, proibir tudo em princípio. Empresas que agem assim não prejudicam apenas os seus empregados. Na verdade, estão fatalmente semeando sua própria mediocridade.

A liberdade de expressão é o ponto principal deste capítulo, mas não é o único. As pessoas dão muito valor — muito mesmo — para questões que até podem parecer secundárias. Por exemplo: muitos empregados acham um grande atrativo poderem se vestir no trabalho do jeito que gostam, ou decorar seu espaço de acordo com seu gosto pessoal, ou bolar individualmente seu cartão de visitas, e por aí afora. Muitas empresas, diante desses desejos pessoais, fazem a única pergunta realmente certa, ou inteligente, que se deve fazer no caso: *e daí?* Este ou aquele anseio individual vai prejudicar os resultados? Vai criar problemas reais? Vai fazer a companhia perder dinheiro, ou clientes, ou fornecedores? Não? Então por que proibir? As empresas que agem assim quase sempre se dão muito bem. Da mesma forma, é um poderoso atrativo — sempre que for viável — a flexibilidade de horários, dentro do entendimento de que as pessoas devem ser consideradas responsáveis o bastante para organizar sua rotina da maneira que julgarem melhor. Notas muito altas, também, são dadas pelos empregados para as empresas que preferem cobrar seus profissionais pelos resultados concretos que produzem, e não pelo tempo que passam no escritório. Aos seus olhos, enfim, conta pontos preciosos a possibilidade de ir trabalhar na área que mais gostam, ou junto aos colegas que mais admiram.

É um traço comum, em dezenas das melhores empresas do Brasil para trabalhar, esse horizonte mais amplo de liberdade. Fantasia? Romantismo? Nem um pouco. Liberdade, ao contrário do que pensam muitos dirigentes de empresa, não precisa significar desordem. A idéia matriz, aqui, é a *responsabilidade*. Como foi apontado anteriormente, um ambiente livre é muito útil para separar o joio do trigo. As pessoas que não utilizarem a liberdade de maneira responsável não servem, simplesmente — e devem ser dispensadas. As demais devem ter o maior espaço possível, dentro dos limites da racionalidade e do bom senso. É simples. E funciona.

✍ *Tome Nota*

- *Os bons funcionários aceitam cada vez menos normas que não entendem.*
- *É possível criar um ambiente que seja ao mesmo tempo livre e disciplinado.*
- *Diante do desejo pessoal de um empregado, faça a pergunta-chave: se ele for atendido haverá, mesmo, algum problema?*
- *Um ambiente de trabalho livre ajuda a separar o joio do trigo.*

Intel

Das fábricas que a Intel tem no mundo, duas têm importância especial: uma na Califórnia e outra na Irlanda. Nos últimos anos, o número de interessados em ser transferidos para a sede européia quase triplicou. A razão? O ambiente de trabalho diferenciado que a Intel conseguiu criar ali. A palavra-chave é o respeito ao outro e ao seu modo de ser. Há uma regra invejável que os 3.200 funcionários, naturalmente, adoram: "Adapte o seu trabalho ao seu estilo de vida." A tradução exata dessa regra é *liberdade de agir*. Vamos a um exemplo prático: se uma pessoa tem filhos pequenos e quer passar mais tempo com eles, ela pode alterar sua dinâmica de trabalho de forma que só precise ir ao escritório três vezes por semana, por exemplo. Desde que cumpra suas tarefas, apresente qualidade no trabalho que faz e respeite os prazos, não há problema. É assim, simples.

No ano passado, um programa *deu* (isso mesmo, deu) computadores para os empregados que ainda não tinham o equipamento. Claro que os programas e políticas de recursos humanos são estendidos para a fábrica da Califórnia. Mas a sede de Leixlip, na Irlanda, fundada em 1989, é completamente diferente. Ali existe um clima de vida comunitária que deixa os irlandeses orgulhosos. Não é por acaso que desde 2001 a Intel está na lista das melhores empresas para trabalhar do Reino Unido, da Irlanda e da União Européia. E este ano levou o prêmio de empresa número 1 da União Européia em "respeito à diversidade".

Unes

Esta rede italiana especializada na venda de especiarias quer ser o melhor lugar de compras para apaixonados pela arte de cozinhar. São mais de 100 pequenas lojas em toda a Itália, com o objetivo de vender toda a sorte de temperos, queijos, molhos, frios e coisas gostosas. A filosofia da empresa é tratar os funcionários com amor, para que eles se sintam felizes e tratem os clientes com esse mesmo sentimento. Romantismos à parte, o que mais interessa aqui, é que a empresa encoraja as pessoas a pensar e a colocar em prática suas idéias. Qualquer empregado pode — e deve — sugerir mudanças. Se conseguir mostrar que, de fato, a idéia é boa, ele mesmo ficará à frente da execução. Isso custa algum dinheiro para a empresa?

Oracle

Como todas as grandes empresas de tecnologia, a Oracle paga salários acima da média e oferece ótimos benefícios. Mas se essas fossem suas únicas armas para atrair a reter bons profissionais, talvez ela não tivesse se tornado a gigante de softwares que é hoje. Um dos atrativos mais poderosos da Oracle é a liberdade de ação que ela dá ao seu pessoal. Quem decide o horário em que vai chegar no trabalho é o funcionário — desde que, naturalmente, não tenha um compromisso que envolva outros colegas. Se a pessoa por alguma razão não quer ir para o escritório, ela pode trabalhar em casa (é o chamado teletrabalho). Quanto ao modo de se vestir, a política é a mesma: jeans, tênis, terno, bermuda... cada um vai como quer. O que importa é agir com responsabilidade e dar resultados no fim do mês. Os que superam as metas de vendas ganham viagens internacionais com direito a acompanhante.

Promon

Esta é, provavelmente, a empresa brasileira mais vanguardista em termos de práticas de recursos humanos. Tudo o que se possa imaginar de moderno é, há muito tempo, coisa normal na Promon, uma das mais prestigiadas empresas de tecnologia, projetos e engenharia em atividade no Brasil. Sempre foi assim, desde sua fundação, em 1960. Para começar, seus donos são seus próprios empregados — dos 750 profissionais efetivos, hoje 70% têm ações da companhia. Os outros não têm porque não há mais ações para vender. Quando um funcionário deixa a empresa, há uma fila de gente querendo comprar — e a Promon financia a compra em até 36 meses.

Os empregados são donos da empresa e, portanto, têm a liberdade de quem manda. A gestão é bastante participativa — só não é mais por falta de tempo de todos participarem de tudo. Há reuniões, encontros e oportunidades de falar e opinar quase que semanalmente. Avaliações e pesquisas de satisfação são tão pontuais quanto os prêmios semestrais de participação nos lucros. A maior parte das coisas pode ser resolvida pela intranet, sem burocracias. Há enorme flexibilidade de horários. Qualquer funcionário, por exemplo, do presidente aos *office-boys*, pode chegar com três horas de atraso durante uma semana inteira, se precisar, sem que isso se transforme num problema. Acredita-se na responsabilidade das pessoas.

Tudo isso é bárbaro, sem dúvida. Mas há uma prática absolutamente incomum: na Promon, os funcionários podem — e devem — propor um aumento de salário. Atenção: *propor aumento* é diferente de *pedir aumento*. Envolve argumentação lógica, não apenas um simples desejo — e a Promon demonstra entender essa diferença muito bem. A política salarial da empresa é pagar na média do mercado. Semestralmente, são feitas pesquisas de análise de mercado para que os salários sejam mantidos nos patamares desejados. As análises não ficam escondidas, vão para a intranet. Se mesmo assim algum profissional achar que ganha menos do que deveria, basta fazer uma proposta por meio de um formulário e entregar para o chefe. Se seus argumentos forem sólidos e convincentes, ele receberá o aumento. Desde que a política foi implantada, há oito anos, quase todos os meses alguém recebe aumento graças a esse mecanismo.

3

O indispensável senso de justiça

Está ao alcance de qualquer organização passar aos funcionários a percepção de que eles podem sempre esperar um tratamento justo por parte da empresa. Basta o real empenho do primeiro escalão em fazer isso

Se alguém quiser aplicar um veneno 100% eficaz para destruir a qualidade de um ambiente de trabalho, dificilmente encontrará algo melhor do que a injustiça. Ninguém, rigorosamente ninguém, fica de fato indiferente diante de práticas injustas dentro de uma organização, ou de episódios em que funcionários são tratados injustamente. As pessoas podem se conformar com uma decisão ou solução injusta. Podem se calar. Podem reprimir sua mágoa. Mas não há possibilidade de que não percebam a injustiça — e de que não se sintam violentamente atingidas por ela. Resultado: perda de motivação, desconfiança em relação à empresa, criação de rancores, quebra da concentração no trabalho; isso tudo para não falar em idéias de "dar o troco", dentro das possibilidades de cada um. Nem só a própria vítima individual de um episódio de injustiça se envolve nessa atmosfera tóxica. Basta que o ato injusto ocorra ao seu redor e à sua vista, com um ou mais colegas. Quando a injustiça atinge todos... Aí, então, a coisa fica pior ainda.

Uma das queixas mais freqüentes que emergem nas pesquisas sobre clima organizacional diz respeito a esse problema, o que é natural. *A sensibilidade das pessoas diante do que percebem como injustiça dentro de uma organização é sempre muito extremada.* Está à flor da pele. Atinge diretamente o lado emocional. Isso quer dizer que todos os funcionários tenham, individualmente, um elevado senso de justiça dentro de si? Não necessariamente. É até comum o contrário, as pessoas terem uma atitude geral de neutralidade ou desinteresse em relação às injustiças que acontecem à sua volta, fora do local de trabalho — na própria família, no meio particular em que vivem, em relação ao país e à sociedade, diante da vida em geral. Mas isso é irrelevante para a empresa, do ponto de vista da excelência do ambiente de trabalho. Não cabe à empresa regular o senso individual de justiça dos seus empregados. *Sua obrigação, isso sim, é prover uma atmosfera justa nas relações funcionais que mantém com eles.* Fora do trabalho, a pessoa pode não ligar para injustiças, ou até praticá-las. Mas uma vez que coloca os pés dentro da companhia, espera ser tratada de maneira justa — e quando sente que essa expectativa está sendo atendida, sua admiração pela empresa, seu conforto íntimo e seu empenho em dar o melhor de si ganham um dos impulsos mais poderosos que uma administração competente de recursos humanos pode oferecer.

Como chegar lá?

Todos sabemos que ser justo o tempo inteiro é difícil — afinal, a humanidade está em busca disso há milhares de anos. Ninguém é capaz de impedir que ocorram injustiças no ambiente de trabalho pelo qual são responsáveis ou do qual participam. Mas é preciso — *e, principalmente, é possível* — batalhar seriamente para que isso aconteça cada vez menos. Na verdade, quando se procura examinar a questão com doses corretas de realismo e frieza, fica claro que os problemas de justiça ocorrem porque não há nenhuma, ou muito pouca, preocupação efetiva com eles por parte dos dirigentes das empresas. A atitude, muitas vezes, é a de deixar o barco correr. Ou, pior ainda, de praticar de maneira consciente (ou permitir que sejam praticados) atos injustos com a justificativa de que são "necessários", "compreensíveis", "inevitáveis" etc. Sim, todo mundo diz que o tema é muito importante e merecedor das melhores atenções. Mas só há sucesso de verdade quando os integrantes do primeiro escalão saem do terreno das preocupações genéricas e entram no terreno dos atos concretos, passando a incluir a busca de um clima justo entre os deveres do seu dia-a-dia.

Ninguém está propondo aqui que se criem tribunais dentro da empresa, ou que se montem sistemas complicados para julgar tudo e todos durante o tempo inteiro. Não se trata de redigir códigos, introduzir formulários ou desenvolver processos burocráticos. Injustiça não se combate com papel, nem em reuniões estratégicas com o RH. Basta que as pessoas responsáveis pelas decisões concretas dentro da empresa — do escalão mais alto da diretoria até os níveis mais simples de gerência — observem o tempo todo algumas regras muito básicas, claras e eficazes e, principalmente, se comprometam a, de fato, cumpri-las.

Essas regras consistem em evitar as seguintes coisas:

- Premiar *quem não merece*, por preferência pessoal ou seja lá pelo motivo que for.
- Deixar de recompensar ou reconhecer *quem merece*.
- Tratar situações iguais de *maneira diferente* ou vice-versa.
- Agir com *inconsistência nas decisões*, dando determinada solução a um problema hoje e fazendo o contrário amanhã.
- Utilizar *critérios obscuros* em promoções, aumentos salariais ou concessão de benefícios.
- Manifestar *indiferença* diante de um trabalho bem-feito, um esforço extra, uma prova de dedicação.

- Punir uma pessoa, ou permitir que seja punida, sem que ela tenha tido a *oportunidade real* de se defender e expor sua versão.
- Manifestar desinteresse ou pouco empenho na *apuração rigorosa de fatos* ocorridos dentro da empresa ou que tenham relação com um empregado.
- Aplicar *punições desproporcionais* ao erro cometido.
- Permitir a permanência no cargo de *chefes menos competentes* que um ou mais de seus subordinados.
- *Bloquear o progresso* dos mais talentosos ou dos que apresentem mais resultados.
- Aceitar que *qualquer chefe tome para si* os méritos de um trabalho feito por subordinados, ou que os oculte do conhecimento geral.
- Tolerar que qualquer funcionário da empresa, não importa quem seja, *maltrate* seus subordinados ou seus pares.
- Admitir que um funcionário seja *humilhado em público ou de forma reservada.*
- Aceitar a existência de *privilégios.*
- Punir ou perseguir quem expõe de maneira construtiva uma *opinião diferente.*
- Vetar a *circulação de idéias.*
- Permitir que circulem na empresa, ou adotar como sendo verdadeiras, *versões distorcidas, confusas* ou *mentirosas* a respeito de qualquer episódio ou pessoa.

- Faltar de maneira deliberada *com a verdade*, ou ocultá-la, seja qual for a circunstância.

É claro que cada leitor poderia enriquecer essa lista com mais itens. Mas tenho certeza de que uma organização na qual se faça um esforço permanente e sincero para eliminar ou reduzir ao mínimo as situações que acabo de citar estará na direção certa para cumprir essa condição essencial — senso de justiça — na caminhada rumo ao pódio onde se encontram as melhores empresas do Brasil para trabalhar.

✍ ***Tome Nota***

- *A injustiça é sempre percebida.*
- *Não é possível eliminar de todo os atos injustos, mas está ao alcance de qualquer empresa reduzi-los ao máximo.*
- *Injustiça não se combate com a criação de sistemas burocráticos, e sim com o real compromisso dos responsáveis pelas decisões de aplicar regras muito simples.*

Fedex

Fazer uma encomenda chegar ao seu destino no dia seguinte. Foi com essa idéia simples, e por isso mesmo boa, que em 1973 o americano Frederick W. Smith montou a Federal Express, empresa de transporte de cargas. Pela utilidade e qualidade dos seus serviços, a Fedex cresceu muito nesses 30 anos de vida e, hoje, é a maior do mundo no setor de *courier*, como são chamados os correios particulares. Possui a maior frota aérea (662 aviões), opera em 210 países, entrega 3,2 milhões de pacotes por mês e emprega 150 mil pessoas. Essa imensa população é administrada pelas mais modernas políticas de recursos humanos. Um exemplo é a justiça no ambiente de trabalho, questão que a Fedex leva muito a sério.

Há na empresa um recurso chamado Processo de Garantia de Tratamento Justo, que todos os funcionários — inclusive os 500 da operação brasileira — conhecem e devem usar. É mais ou menos como um processo judicial, com diferentes etapas e tudo. O Garantia de Tratamento Justo aplica-se a situações de caráter disciplinar ou discriminatório. Um exemplo de seu uso são os processos seletivos. Se um funcionário concorre a uma vaga interna, é preterido e acredita que houve parcialidade na seleção, ele pode fazer algo além de ficar revoltado: pode protestar oficialmente e, conforme o caso, conseguir que a decisão seja revista. O empregado que se sentir de alguma forma discriminado pode, igualmente, utilizar o processo para garantir que a justiça seja feita. Da mesma forma, o empregado que receber uma notificação formal por mau comportamento ou por performance ruim e não concordar pode lançar mão deste recurso. Mesmo uma demissão é passível de apelação, e até reversão, através deste mecanismo. E já houve muitos casos, nas diversas operações da empresa, de as pessoas serem readmitidas. Esta é uma atitude inteligente e admirável por parte da Fedex, pois significa disposição para corrigir os erros no momento em que percebe que errou. *Melhor consertar, mesmo que o trabalho seja grande, do que fingir que não aconteceu nada.* A Fedex acredita que todos crescem com os erros.

Obviamente, o Garantia de Tratamento Justo não é um instrumento para ser usado de forma leviana. Trata-se de um processo sério e desgastante — principalmente para o empregado. Por isso mesmo, deve ser usado como último recurso de defesa. Antes de lançar mão dele, há diversas oportunidades de se obter justiça. Se uma pessoa não está tendo boa performance ou bom comportamento, ela será notificada formalmente pelo menos três vezes antes de ser mandada embora. Essa é a regra. Ninguém pode ser demitido sem passar por essas três etapas.

Vamos usar o exemplo de um empregado que não está tendo o desempenho desejado para entender o modo de agir da Fedex. O empregado que receber uma nota baixa do chefe numa das avaliações de desempenho (na Fedex há várias ao ano) será avisado de maneira formal. Este será seu primeiro aviso de que precisa melhorar. Se não concordar com a nota, ele pode discutir com seu chefe e às vezes até mudá-la (muitas vezes fica comprovado que o chefe errou na avaliação ou não treinou a pessoa da forma adequada. Quem talvez receba treinamento, nesses casos, é o próprio chefe). Mas se o funcionário não conseguir mudar a nota e continuar discordando, ele pode, já nesse momento, entrar com o processo de Garantia de Tratamento Justo para tentar reverter a avaliação.

Se, depois de um tempo, o desempenho do funcionário continuar ruim, ele terá que desenhar um plano do que vai fazer para melhorar. Se o plano não der resultado, ele receberá seu segundo aviso formal em algum momento. Passado mais um tempo, sua situação será novamente avaliada e, conforme o caso, pode ser que tenha outras chances. Se várias oportunidades foram dadas ao empregado e ele não correspondeu, aí sim a empresa o demite. Mesmo nesse momento, ele ainda pode entrar com o Processo de Tratamento Justo. É provável que não ganhe, pois já teve diversas chances de melhorar e não adiantou. Mas entre pecar pelo excesso e correr o risco de cometer uma injustiça, a Fedex fica com a primeira opção. Começa então uma espécie de julgamento que chega a durar dois meses e passa pelo diretor da área, depois pelo vice-presidente e finalmente por uma comissão julgadora. O empregado terá que preparar sua defesa, reunir provas, testemunhas e tudo o que conseguir a seu favor. O RH acompanhará de perto todas as etapas do processo para garantir a imparcialidade e dará às duas partes envolvidas a assessoria necessária.

Tudo isso dá uma tremenda mão-de-obra e tem custo, pois demanda tempo e dedicação dos profissionais de recursos humanos e de todos os que participam dos julgamentos. Mas foi a saída encontrada pela Fedex para combater as injustiças no seu ambiente de trabalho. Diante desta questão — injustiça no ambiente de trabalho — a maioria das empresas fica paralisada, alega que não há o que funcione, não sabe como agir e acaba não fazendo nada. A Fedex prova, com esse sistema, que é possível, sim, minimizar na prática o problema. Um problema complicado, sem dúvida. Mas lidar corretamente com ele é fundamental para um clima saudável.

Grupo Marriott

Uma empresa não chega aos 75 anos de idade sem ter errado muito, acertado muito e também aprendido muito. Se há uma coisa na qual a rede americana de hotéis Marriott se tornou especialista foi em criar mecanismos para que a justiça prevaleça. O Grupo Marriott está presente em 63 países, inclusive no Brasil, e tem aproximadamente 144 mil empregados. "Nossa gente é nosso maior patrimônio", diz o item número 1 da carta de valores da empresa. Mas como segurar esse patrimônio? Como impedir as altas, e caríssimas, taxas de *turnover*? A resposta encontrada pelo Grupo Marriott: fazendo com que as pessoas não encontrem motivos para querer ir embora. E isso, na visão que a Marriott tem a respeito de clima organizacional, começa por evitar, ao máximo, que aconteçam injustiças dentro da empresa. Para tanto, foram estruturados diversos programas que funcionam em todos os hotéis da rede e estão ao alcance de qualquer funcionário. Vamos a eles.

O "Garantia de Tratamento Justo" é um programa que ajuda a evitar favoritismos ou atitudes de caráter pessoal e emocional na hora da demissão. Para que funcionários de nível operacional e de supervisão sejam demitidos, precisam receber três advertências por escrito, no período de 12 meses. Antes de receber a primeira, o funcionário passa pelo processo "Coaching Counseling", em que serão esclarecidas suas falhas. Cumpridas todas as etapas, o desligamento é solicitado pelo diretor da área ao departamento de recursos humanos, e só é efetivada com a assinatura do diretor-geral. No caso de gerentes e diretores, são necessárias duas advertências por escrito. Quando há problemas de desempenho, eles passam pelo

"Probation Period", programa que estabelece metas que deverão ser alcançadas em 60 ou 90 dias pelos funcionários cuja performance deixa a desejar. Se tais metas não forem atingidas, o empregado em questão pode ser demitido. Como se vê, existe uma ampla oferta de oportunidades para que o funcionário se recupere; alguém que tenha sido demitido pela Marriott não pode dizer que não foi avisado.

Em caso de demissões coletivas, ocasionadas por problemas de mercado e não por fatores individuais, a empresa ajuda as pessoas a se recolocarem no mercado, oferecendo treinamento para entrevistas e encaminhamento do histórico profissional para outras empresas. Caso, no futuro, a empresa volte a contratar, os ex-funcionários têm prioridade. A Marriott também se preocupa com a igualdade de oportunidades. Trimestralmente, há um levantamento para verificar se as minorias, em termos de sexo e raça, estão tendo as mesmas oportunidades de crescimento dentro da empresa.

Se o funcionário deseja reclamar de alguma coisa — uma decisão errada por parte do chefe, um fato com o qual não concorda ou seja lá o que for —, ele pode lançar mão do "Speak Out Form", um canal direto com o VP de RH do grupo nos Estados Unidos. Basta preencher um formulário com a reclamação e mandar pelo malote interno. Se tiver se identificado, em 72 horas terá uma resposta.

4

Confiança na empresa e em seus líderes

Para contar com funcionários motivados, é preciso dar-lhes motivos para acreditarem no efetivo empenho da empresa em fazer a coisa certa

Não há nenhuma possibilidade de criar e manter um bom ambiente de trabalho se os funcionários não respirarem todos os dias uma atmosfera de confiança na conduta, na competência e nas decisões da empresa. Traduzindo para a vida real: confiança nas pessoas que estão acima delas e que, portanto, têm o poder e a obrigação de decidir. Não falo aqui de sentimentos pessoais, originados na estima, empatia, identificação e outros fatores emocionais. A palavra "confiança", para os efeitos deste capítulo, se refere a desempenho profissional. Ela existe *quando o funcionário se sente seguro e confortável com as ações concretas de seus superiores nas questões de trabalho*. Não se trata de dizer: "Confio nos meus chefes porque eles são muito legais, ótimas pessoas." O que importa é outra coisa: "Confio nos meus chefes pelo que eles fazem."

Vamos começar pela questão da conduta. Obviamente, antes de qualquer outra coisa, os empregados têm que confiar na atitude (e nas práticas) da empresa em relação ao cumprimento de suas obrigações junto a todos e a cada um dos seus colaboradores. Ao comparecer ao trabalho, devem estar sempre seguros de que as leis serão obedecidas, os acordos respeitados e as normas internas aplicadas. O combinado se cumpre. Não pode haver dúvidas ou incertezas quanto a isso. A confiança dos funcionários na conduta da empresa deve incluir, igualmente, a maneira como ela age em relação ao mundo exterior (clientes, parceiros, fornecedores, a sociedade em geral) e em assuntos de natureza ética — tema que vamos abordar de maneira detalhada no próximo capítulo. Por fim, confiar na companhia em que se trabalha significa confiar na correção do tratamento dispensado aos funcionários pelos seus superiores. Lembra do capítulo anterior, sobre o senso de justiça? Pois então: jamais haverá confiança no ambiente de trabalho se as pessoas estiverem incertas a respeito do empenho da empresa em tratá-las de maneira justa.

Em seguida, vem a confiança que o empregado deve ter na competência da empresa — que pode se traduzir, mais uma vez, pela competência dos que estão encarregados de tomar as decisões — como participante ativa dos negócios em que atua. A maneira mais direta de se medir isso, naturalmente, está nos índices de sucesso da organização, ou seja, nos resultados concretos que ela obtém em sua atividade. Mas esse tipo de confiança vai além dos números. É absolutamente fundamental, para o empregado sentir que está trabalhando numa boa empresa, que ele tenha uma razoável segurança de que *as ordens e tarefas transmitidas pelos gestores a cada dia estejam na direção da lógica e do acerto*. Mais uma vez: é essencial que as pessoas *entendam o que estão fazendo*, e *porque estão fazendo seu trabalho dessa ou daquela maneira*. O funcionário precisa viver a expectativa de que a empresa procura acertar — e talvez mais importante até que isso, de que está disposta a corrigir os erros que venha a cometer.

É um fato da vida que empresas tomem más decisões de negócios. Acontece: idéias erradas, estratégias que não dão certo, lançamentos infelizes, apostas equivocadas, parcerias que não funcionam. Quem não tem uma história dessas para contar? Quando algo assim ocorre numa organização, porém, não é inevitável nem automático que os funcionários percam sua confiança. A arma mais eficaz nesses casos, para manter de pé a atmosfera de segurança que deve existir quanto à qualidade das decisões tomadas pela empresa, é explicar direito o que aconteceu — explicar abertamente, sem subterfúgios ou desculpas, de maneira clara e racional, no que, onde, quando, como e por que se errou. Em seguida, é dizer: "Aprendemos uma lição. Não vamos cometer as mesmas falhas." Agir assim não é ser poeta. É ser eficaz. Esconder erros (ou, pior ainda, tentar convencer as pessoas que um erro foi um acerto) quase nunca resulta em alguma coisa útil. O estrago que foi feito permanece do mesmo tamanho. E a confiança na empresa é abalada.

É importante, também, que o funcionário confie na qualidade dos produtos e serviços vendidos pela companhia em que trabalha. Que veja, no dia-a-dia, as coisas serem feitas com eficiência. Que identifique claramente dentro da companhia rapidez na execução das tarefas, cumprimento exato de prazos, capacidade na utilização de tecnologia e empenho real em fazer melhor hoje o que se fazia ontem. Ele tem que trabalhar dentro de um grau saudável de previsibilidade — como confiar numa empresa que abre a cada dia mais uma caixa de surpresas? Deve, também, acreditar na seriedade das decisões e dos processos. E precisa, enfim, sentir-se apoiado pela estrutura da qual faz parte.

O importante não é ser infalível. É transmitir às pessoas a sensação de que existe na empresa uma vontade verdadeira de fazer a coisa certa.

O funcionário que não confia na empresa não tem respeito por ela. E sem merecer esse respeito, nenhuma organização é boa para trabalhar.

Tome Nota

- *A confiança dos empregados começa no grau de segurança que sentem em relação à conduta dos seus superiores.*

- *Bons resultados, apenas, não bastam — é preciso haver lógica nas ordens e nas tarefas.*
- *Quando ocorrem erros, a melhor saída é discuti-los abertamente.*

Southwest Airlines

Poucas empresas viveram a experiência de receber tão grande demonstração de confiança por parte dos seus empregados quanto a Southwest Airlines, uma companhia de aviação americana com pouco mais de 30 anos de vida. Embora não seja muito conhecida no Brasil, a Southwest é a quarta maior empresa de aviação americana. Depois dos atentados contra o World Trade Center e o Pentágono em 11 de setembro de 2001, que esvaziaram durante meses a maior parte das poltronas das grandes companhias aéreas dos Estados Unidos — e jogaram para baixo o valor de suas ações —, os empregados da Southwest perceberam que era chegada a hora de fazer alguma coisa pela empresa. Os gerentes foram bombardeados por mensagens dos subordinados, perguntando como poderiam ajudar — houve até mesmo o caso de alguém se oferecer para cuidar dos jardins da sede, de graça. Mais importante que isso, e de forma espontânea, muitos decidiram abrir mão de sua parte na contribuição que a companhia faz anualmente para o programa de participação nos lucros, e que era de US$150 milhões em 2001. A Southwest manteve sua contribuição, pois julgou que isso era a coisa certa a fazer. Mas, entusiasmada com a manifestação dos funcionários, abriu um programa chamado "Pledge to LUV", com três meses de duração, por meio do qual eles podiam fazer doações de até 32 horas de trabalho para a empresa. Milhares de empregados aderiram, o que resultou numa economia de US$4 milhões para a Southwest naquele período.

Para quem está de fora essa atitude dos funcionários parece surpreendente, e é mesmo. Mas para eles é natural. É como os filhos ajudando os pais quando eles precisam, porque ali a coisa realmente funciona como uma grande família. Todos os anos a empresa divide o que lucrou com seus 27 mil funcionários. A palavra mais empregada na Southwest é "love". Piegas? Pode parecer. Mas o que importa é que, no dia-a-dia, os gerentes e diretores têm que tratar seus subordinados de forma carinhosa e gentil. E tratam. Quem é tratado com carinho e gentileza, automaticamente, passa a tratar os colegas e clientes da mesma forma. E isso é tudo o que a empresa quer. Quando ocorre algum atrito e as relações ficam abaladas num departamento, a empresa não se incomoda de mudar uma das pessoas de área. A Southwest se empenha — com atitudes simples assim — para que o ambiente fique bom e as pessoas se sintam bem.

Agilent

É possível mandar embora 8 mil pessoas em menos de um ano e ao mesmo tempo impedir que os empregados que ficaram percam a confiança na empresa? Sim, é possível — se você está diante de uma companhia em que as pessoas realmente vêm em primeiro lugar e o compromisso de não esconderem informações e sempre dizerem a verdade a elas é real. Aconteceu em 2001 com a Agilent, nos Estados Unidos, de acordo com relato feito pela revista *Fortune* em fevereiro de 2002. A Agilent, empresa de tecnologia de ponta especializada em semicondutores, testes e medições e análises químicas e científicas, era uma divisão da HP. A decisão de torná-la uma empresa independente fez com que a Agilent já nascesse rica. Em 1999, sua oferta pública inicial de ações na Bolsa de Valores de Nova York foi de US$2,1 bilhões, a maior do Vale do Silício. No entanto, dois anos depois, o mercado havia mudado. As companhias de telecomunicações, as grandes compradoras de chips, componentes eletrônicos e testes e medições passaram a cancelar pedidos de milhões e milhões de dólares. O CEO da Agilent, Ned Barnholt, um veterano da HP, teve que enfrentar a maior crise de sua carreira. E enfrentou-a pensando, em todos os momentos, no que fariam em seu lugar os fundadores da HP, Bill Hewlett e Dave Packard, se estivessem vivos. Pediu aos 47 mil funcionários que cortassem despesas — como e quanto pudessem. Cortou também 5 mil empregos temporários e congelou contratações. Mais que tudo, sempre fez questão de não ocultar nenhum passo da crise aos funcionários, explicando a cada momento o que acontecia — e porque acontecia.

Três meses depois, apesar de a economia feita ter sido grande, a coisa continuava feia. Para não demitir pessoas, Ned, como todos o chamam, resolveu baixar o salário dos diretores da empresa em 10%, durante o período das vacas magras. Os funcionários sabiam disso: viam, diante de seus olhos, o esforço que estava sendo feito para evitar demissões. No quarto trimestre de 2001, um cancelamento de US$250 milhões em pedidos não ofereceu outra saída à Agilent: ela tinha que demitir 4 mil pessoas. A preocupação maior era que ninguém se sentisse maltratado — nem os demitidos nem os que ficassem. Para isso, o primeiro cuidado do presidente foi tomar a decisão de que ninguém iria saber pela imprensa que haveria demissões em massa. O próprio CEO falou a todos pelo sistema interno de alto-falantes da empresa. Agradeceu o esforço pelo corte de despesas, explicou detalhadamente a situação da empresa, afirmou que o *downsizing* era inevitável e esclareceu como haviam sido feitos os cálculos do número de pessoas a serem demitidas. "Esta é a decisão mais difícil de toda a minha carreira", disse ele, com a voz embargada. "Mas nós não temos alternativas."

Em seu esforço para comunicar-se corretamente com os funcionários, a direção da Agilent determinou que os empregados a serem demitidos teriam que receber a má notícia exclusivamente por meio de seus chefes diretos. Os critérios segundo os quais eles seriam escolhidos foram colocados na intranet para que todos entendessem bem; os 3 mil gerentes a quem caberiam comunicar as dispensas aos empregados receberam treinamento intensivo, numa firma de *outplacement*, sobre o que é certo e o que é errado fazer na hora de demitir alguém. Eles também foram instruídos a deixarem suas portas ainda mais abertas do que normalmente, a responder todas as perguntas feitas pelos funcionários e a agir com o máximo de honestidade nas respostas.

Justamente no meio desse processo veio o 11 de setembro e, com ele, qualquer chance de recuperação em curto prazo para a

Agilent. Dois meses depois, mais 4 mil empregados tiveram que ser cortados e o processo foi repetido. Porém, apesar de todo esse drama, a empresa conseguiu manter intacto o espírito de lealdade e a motivação dos funcionários, fatores essenciais para ela continuar operando. Os demitidos trabalharam até o último dia com empenho. Numa fábrica da Califórnia que seria fechada um ano depois, a produtividade chegou a índices nunca antes vistos. As pessoas estavam tristes, é claro. Mas não estavam com raiva da empresa. Ao contrário, uma das funcionárias demitidas chegou a dizer que sentia pena dos diretores, por todos os esforços que estavam fazendo para evitar o pior. Enfim, a confiança não foi afetada. Por que seria? Não houve mentiras, não houve traições, não houve injustiças, não houve decisões de negócios erradas, a honestidade era visível o tempo todo... Quando o quadro é esse as pessoas confiam.

Esta história não só mostra que é possível fazer uma demissão em massa sem estraçalhar a credibilidade da empresa, como também revela que é possível fazer isso deixando o ambiente tão bom quanto era antes. Tudo depende das razões e da maneira de fazer. A prova disso é que, em 2002, a Agilent conseguiu a 31ª colocação na lista das melhores empresas para trabalhar dos Estados Unidos, publicada pela revista *Fortune*. Detalhe: a pesquisa de clima foi respondida pelos funcionários em julho de 2001, ou seja, quando a Agilent estava no meio do vendaval. Este ano, depois dessas 8 mil demissões, ela se manteve firme na lista, na 33ª colocação.

5

Padrões éticos

Todos nós sabemos muito bem o que é certo e o que é errado. Ética é o que é certo

Hoje em dia, e cada vez mais, este é um item de enorme importância no julgamento que os funcionários fazem a respeito da empresa na qual trabalham. Para mim, foi realmente impressionante constatar o quanto esse fator pesou na avaliação das companhias pesquisadas nas quatro edições em que estive à frente do *Guia Exame — As 100 Melhores Empresas para Você Trabalhar.* É muito elevado, entre os empregados que entrevistamos pessoalmente para essas edições, o número dos que citam a ética como um dos principais motivos pelo qual admiram a sua empresa.

Confesso que foi uma surpresa. É previsível que as pessoas atribuam grande importância, ao julgar as empresas onde trabalham, a salários, benefícios e promoções, oportunidades de crescer na carreira, possibilidades de realização e outros itens diretamente ligados aos interesses práticos de cada um. Já uma questão mais abstrata, como a ética da empresa, parecia destinada a ficar em segundo plano nas preocupações dos empregados. Se foi assim, hoje não é mais. *A conduta de uma companhia do ponto de vista ético passou a ser um valor real para seus funcionários* e, em conseqüência, vem tendo uma importância cada vez maior como elemento utilizado para se medir a excelência do ambiente de trabalho.

É fundamental que as empresas se lembrem que as pessoas que nela trabalham não são apenas funcionários — também são cidadãos. Nessa condição, é inevitável que tenham seus pontos de vista sobre questões como honestidade, legalidade, transparência, cumprimento de compromissos, respeito ao consumidor, bem comum, interesses do país e da sociedade, direitos e deveres. A conscientização dos brasileiros quanto à própria cidadania vem crescendo ano a ano, e isso traz mudanças concretas no tipo de reação que têm diante dos fatos com os quais se deparam no mundo profissional. O empregado de uma organização não tem essa consciência apenas em relação a questões políticas e sociais; *ele não tira a sua roupa de "cidadão" e veste a roupa de "funcionário" quando cruza os portões da empresa para trabalhar*. Continua sendo a mesma pessoa, pronta para julgar, aplaudir ou condenar. A empresa que não levar isso em consideração está arriscada a viver numa esfera diferente daquela em que vivem seus colaboradores.

O que é ética? Esqueça os complicadíssimos debates que podem ser feitos em torno do tema. Vamos simplificar as coisas: você, na sua consciência e no seu coração, sozinho diante de você mesmo, sabe perfeitamente bem o que é certo e o que é errado. *Ética é o que é certo.*

É claro que não devemos ser ingênuos. Sim, existem circunstâncias nas quais esse tipo de diferenciação se torna mais complexo. Há temas e casos nebulosos, onde não é nada fácil enxergar com clareza, distinguir o bem do mal e encontrar o caminho correto. A vida real de uma empresa está cheia de incertezas, dúvidas, prós e contras. Talvez valha a pena lembrar que Pôncio Pilatos, 2 mil anos atrás, perguntou diante de Cristo: "O que é a verdade?" Ao que consta, ninguém conseguiu, até hoje, encontrar uma resposta realmente satisfatória. Tudo isso tem que ser levado em conta, mas é igualmente indiscutível que *existe um imenso terreno onde se pode diferenciar com perfeita objetividade o certo do errado* — e é esse terreno que interessa, em termos de ética empresarial.

Falando em português claro: qual é a dificuldade em se saber que é errado comprar um fiscal? Existe alguma dúvida de que falsificar pesos e medidas é um ato desonesto? Alguém acredita que se possa redigir contratos cheios de truques sem ferir a ética? Nada disso apresenta complicação alguma. É justamente aí, nas dezenas ou centenas de questões como essas, que as empresas têm a oportunidade concreta de escolher se querem ou não proceder eticamente em suas ações. Não é preciso reunir uma assembléia de sábios para ficar ponderando a respeito das mais profundas dimensões filosóficas, ou de qualquer outra natureza, que envolvem esse tipo de escolha. Basta a determinação de fazer as opções corretas. Na verdade, organizações que alegam a necessidade de sistemas complexos para se "definir" o que é ética, com altos estudos, reuniões, pesquisas, *benchmarkings* internacionais, comitês, e por aí afora, estão mesmo é tentando se livrar da obrigação (e dos custos, em dinheiro ou de outra natureza) de agir dentro da ética. No fundo, não se diferenciam muito de quem, pura e simplesmente, manda essa questão às favas.

Haveria à disposição das empresas instrumentos para auxiliar, na vida cotidiana, a prática de valores éticos? Um certo número de organizações dispõe de códigos internos de ética, nos quais se informam por escrito a todo o quadro de pessoal quais são as normas a serem seguidas nessas questões. Funciona? Depende, é claro, da qualidade do código. Infelizmente, muitos desses manuais tendem a se limitar a enunciados de boas intenções e a diretrizes vagas ("Nossa empresa está comprometida com o bem do Brasil"; "Temos responsabilidade social"; "O cliente está acima de tudo" etc.) em vez de relacionar clara e expressamente o que pode e o que não pode ser feito. Ao adotar um código escrito, portanto, convém a empresa estar preparada para colocar os pingos nos "is". É indispensável, também, que o texto seja claro, objetivo e *imediatamente compreensível para todos os funcionários*, e não apenas para quem fez MBA. Em suma: algo para se entender e cumprir, não para discutir e interpretar. Só assim haverá credibilidade.

Pode ser igualmente útil, como ferramenta de trabalho, traçar um mapa dos pontos que a empresa considera essenciais para o seu desempenho ético. Tal mapa tanto pode ser a base sobre a qual se escreve um código de ética, como uma declaração definindo a postura da empresa em relação a uma lista de questões específicas que se transmite aos empregados pela via considerada mais eficaz — nas comunicações regulares das chefias com os subordinados, nas reuniões de trabalho, no jornal interno etc. Ali se deixará claro que a companhia se compromete a cumprir — e exigirá que todos os seus funcionários cumpram — normas de conduta indiscutíveis quanto a, por exemplo:

- Não enganar os clientes, na venda, no atendimento, na solução de queixas.
- Recusar o pagamento de propinas, de qualquer natureza e em qualquer circunstância.
- Não sonegar impostos, recorrendo ao sistema legal nos casos de divergências com o fisco.

- Cumprir as obrigações legais junto ao poder público, aos consumidores e aos próprios funcionários.
- Zelar para que não se pratique publicidade enganosa.
- Cumprir as promessas, públicas ou de caráter particular, feitas a qualquer pessoa ou instituição.
- Respeitar efetivamente o meio ambiente.
- Não permitir qualquer tipo de fraude — na qualidade, na tabela de preços, nas condições de pagamento, na redação de contratos e nos pesos e medidas.

Só isso? Muito mais que isso? A lista, é evidente, pode ir muito adiante. Para elaborá-la, cada empresa levará em conta as realidades específicas da sua área de atuação, o tipo de funcionários que tem, o local em que está instalada, o público a quem destina os seus produtos e serviços etc. O que aparece anteriormente são apenas sugestões a serem consideradas no desenho de um mapa de conduta ética.

Mais importante que tudo, no final das contas, é satisfazer os anseios de ética dos funcionários, por meio do exemplo. A essência da ética não está em se escrever normas, e sim em praticar atos concretos. O desempenho de uma organização nesse campo será julgado pelos fatos concretos que ocorrem ali, pois, como em tantas outras questões que dizem respeito à construção e manutenção de um bom ambiente de trabalho, o que interessa mesmo às pessoas não é ouvir falar — é ver, na vida real, as coisas acontecerem.

Na existência de uma empresa, com os inúmeros e complicados problemas que precisam ser enfrentados a cada dia, a experiência mostra que terá andado a maior parte do caminho quem estiver seguindo três normas de ouro:

- Cumprir rigorosamente a lei.
- Dizer sempre a verdade aos funcionários, clientes, fornecedores e a todos os que de alguma forma se relacionarem com a empresa.
- Poder nunca se envergonhar de qualquer fato ou decisão internos que, porventura, vierem a público.

Uma empresa onde as coisas não forem assim jamais será considerada um bom lugar para alguém trabalhar. Nunca será respeitada pelos seus funcionários — e, evidentemente, nunca poderá cobrar que eles respeitem o que quer que seja. Pode não ter sido assim no passado. Hoje é.

✍ *Tome Nota*

- *A conduta das empresas no terreno da ética passou a ser um valor real para os funcionários.*
- *Há critérios perfeitamente objetivos para que se adote o caminho correto.*

- *Códigos de ética só funcionam à medida que forem específicos e compreensíveis para todos os empregados.*
- *Uma empresa que não é respeitada por seus funcionários jamais será um bom lugar para trabalhar.*

ABN Amro Bank

Com 23 mil funcionários, sem contar os do recentemente incorporado Sudameris, o ABN, banco de capital holandês que elegeu o Brasil como um dos seus focos de investimento, é um caso a ser examinado de perto por qualquer empresa interessada em desenvolver uma cultura de atuação ética em seus negócios — e motivar os funcionários com esta filosofia. O ponto de partida foi a tomada de consciência, por parte do banco, de que sua missão empresarial deveria ir além da oferta de produtos financeiros; a companhia tinha, também, que ajudar a criar uma sociedade mais sustentável. A partir de uma visão de ética baseada em responsabilidade social, decidiu repensar todos os seus produtos e acabou fazendo mudanças importantes em sua política de crédito. Em vez de analisar exclusivamente a situação financeira das empresas que pedem dinheiro emprestado, o ABN passou a levar em conta, principalmente, a postura do solicitante do crédito no tocante a questões sociais e ambientais — como age em relação à preservação do meio ambiente, qual sua postura prática sobre o trabalho infantil, se o INSS dos empregados está em dia, se é uma empresa socialmente responsável, e assim por diante. Em 2001, criou o Fundo Ético e passou a tomar providências concretas para executar essa nova política no dia-a-dia das suas operações.

Em relação ao tema específico da ecologia, por exemplo, o ABN contratou um especialista ambiental para treinar todos os seus gerentes de relacionamento, ensinando-os a avaliar corretamente, nessa área, a conduta das empresas que querem tomar crédito. Criou, assim, um extenso questionário, que até hoje já foi respondido por 250 empresas de médio porte. (Com bons resultados: somente quatro candidatas foram recusadas.) Quando há dúvidas maiores, o gerente vai até a sede da empresa-cliente para ver a situação pessoalmente. Houve, por exemplo, uma empresa no Nordeste que praticava pesca predatória de camarão. O ABN deu o empréstimo — mas contratou um oceanógrafo para ensinar a prática correta da pesca ao cliente. Se a empresa se recusar a aprender o certo, o ABN não dá o crédito.

A preocupação ética não se limita à política de crédito. O banco também está fazendo um trabalho junto a seus 50 maiores fornecedores, e vai começar a cortar todos os que não passarem pelo seu controle de qualidade — leia-se: todos os que não adotarem práticas de responsabilidade social.

O ABN, é claro, tem custos com isso tudo. Pode estar deixando de ganhar dinheiro no curto prazo, mas acredita que a médio e longo prazos estará tornando mais sólida e sustentável a base de seus negócios. Além disso, tem ganhado novos clientes — empresas que migram para o ABN só por conhecerem e admirarem esse posicionamento.

Lafarge

Fundada em 1833, a Lafarge é a maior fabricante de cimento do mundo. Sua sede fica em Le Havre, na França, e suas 133 fábricas estão espalhadas por 46 países. Entre os valores que o fundador da companhia, Argust Pavin de Lafarge, deixou, está o compromisso com a ética. Os tempos mudaram, mas a empresa afirma que mantém seus valores. O atual CEO, Bertrand Collombe, diz estar sempre disposto a perder um contrato se este for contra os princípios da empresa. Vender cimento para a construção de uma fábrica de armas, por exemplo, é um negócio que a empresa não faz. Vai contra os princípios éticos da Lafarge. A norma vale para todas as subsidiárias da organização. A comprovação de que a regra foi quebrada rende a demissão imediata do responsável pelo contrato — fato do qual não se tem conhecimento de ter ocorrido, segundo a direção da empresa.

A maioria dos funcionários é acionista da Lafarge. Em 2002, os empregados puderam comprar ações da companhia com 60% do preço subsidiado. Mais da metade optou pela compra, o que mostra que eles confiam na boa gestão da empresa. É mais fácil confiar quando o exemplo vem de cima.

6

Blindagem contra os maus chefes

A boa qualidade de um ambiente de trabalho depende diretamente da qualidade das pessoas que têm o poder de tomar decisões

Nada, mas nada mesmo, é tão mortal para a existência de um bom ambiente de trabalho quanto o mau chefe. Você sabe muito bem quem é ele: o indivíduo inseguro, o que humilha os subordinados, o que se comporta com grosseria, o incompetente, o que está num cargo acima da sua capacidade, o que abafa e boicota o crescimento dos que estão abaixo dele, o que confunde autoridade com tirania, o mal-educado, o neurastênico, o temperamental, o inconstante, o imprevisível, o sujeito que não motiva, não estimula, não permite a iniciativa das pessoas, o que veta as idéias que não sejam dele (ou que não venham de cima), o que esconde os êxitos individuais dos membros da sua equipe, o que toma para si méritos que pertencem aos chefiados, o que aceita e incentiva a bajulação, o que monta a sua "turma", o que administra privilégios, o que tem medo de perder o cargo, o centralizador, o que quer decidir tudo... O rol de predicados do mau chefe vai por aí afora.

A qualidade de qualquer ambiente de trabalho depende, essencialmente, da conduta das pessoas que têm poder de decisão sobre determinada área, departamento ou função. Se essas pessoas se conduzem mal... esqueça. Nenhum esforço será capaz de combater o veneno que elas espalham abaixo e em volta de si, nenhum esforço será capaz de deixar os funcionários contentes com a empresa.

Lembre-se: da mesma forma que, para os clientes, a empresa é a soma (e cada um) dos funcionários que trabalham nela e com os quais eles entram em contato, para a grande maioria dos funcionários *a empresa é o chefe, ou os chefes*, com os quais eles têm que conviver todos os dias. Se eles são ruins, a empresa é ruim. Ponto final.

Se, do ponto de vista do empregado, a organização é aquilo que o seu chefe direto é, fica bem clara a prioridade de investir na qualidade das chefias e fiscalizar de forma permanente sua atuação junto aos subordinados. Insisto: a imagem, boa ou má, que a empresa tem para os que trabalham nela depende fortemente do julgamento que os empregados fazem das suas chefias imediatas. No fim das contas, as opiniões que eles têm sobre a empresa são as opiniões que têm sobre as pessoas que os comandam diretamente. Apesar da evidência dessa prioridade, muitas organizações se perdem na posição que adotam (ou não adotam...) para a questão das chefias. Perdem-se na visão geral do tema, no tratamento que dão a ele no dia-a-dia e, principalmente, na dificuldade de identificar processos capazes de permitir que se administre de maneira positiva e eficaz o relacionamento entre chefias e subordinados. Resultado: acabam pagando caro em termos de ambiente de trabalho.

Deixemos de lado, já de saída, lugares onde não se tem a menor preocupação com o assunto — aqueles onde a direção está pouco ligando se os empregados estão ou não satisfeitos com os chefes que têm, e que não utilizam critérios realmente profissionais para preencher os cargos de comando ou de autoridade. (Por exemplo: empresas familiares, sejam grandes, médias ou pequenas, onde as chefias são entregues a filhos, irmãos, tios, sobrinhos, primos, cunhados e seus amigos.) Empresas assim não serão nunca um grande lugar para alguém trabalhar e, provavelmente, não têm nenhuma vontade de ser. A questão se coloca somente para as organizações que estão empenhadas em receber uma boa avaliação dos seus empregados, investem nisso e, até mesmo, demonstram competência no trato de outras questões abordadas ao longo deste livro — e, ainda assim, estão aquém ou até muito aquém de onde gostariam de estar em relação à sua imagem junto aos colaboradores.

É essencial, a meu ver, que tais empresas façam uma reflexão profunda, objetiva e sincera sobre a questão dos chefes. O ponto de partida está em estabelecer uma visão correta das dimensões do tema — e a condição básica para isso é que os dirigentes da empresa, as pessoas que integram seu primeiro escalão, passem a ter consciência de que *faz parte do seu trabalho, sim, gerir de perto e de forma permanente o desempenho real dos chefes em seu relacionamento com as equipes que comandam.* Não apenas faz parte: é, na verdade, uma das tarefas mais importantes que têm para executar. Freqüentemente essa consciência está ausente da vida cotidiana das organizações, ou se manifesta de modo tão vago, teórico e distante da realidade, que acaba não existindo para efeitos práticos. "Não posso cuidar dos detalhes nas relações dos chefes com os subordinados" — eis aí uma frase comum entre dirigentes empresariais. Então, muito bem: se não podem, é bom que encontrem logo um jeito de poder, pois caso contrário estarão revelando falta de condições para ocupar os cargos que têm e as funções que exercem. Sem esse tipo de visão, a qualidade do relacionamento entre gerências e funcionários (e também, é claro, entre essas gerências e quem está acima delas, ao longo de toda a escala da hierarquia) ficará à mercê do acaso. Pode dar certo ou não, pode ser melhor aqui e pior ali, pode funcionar hoje e se deteriorar amanhã. Em qualquer caso, é ruim.

O que tem que ficar claro para os encarregados de tomar as grandes decisões dentro de uma empresa — o presidente e seus principais executivos — é *o sentido de prioridade* inerente a essa questão. Prioridade, sim, porque o ambiente de trabalho só fica bom se os funcionários sentirem que são tratados com respeito, com justiça e com atenção por seus chefes; se uma tarefa bem executada, uma nova idéia ou um esforço especial receberem reconhecimento; se tiverem liberdade para expor o que acham; se sentirem interesse sincero da chefia por seu avanço na carreira; se reconhecerem competência profissional no chefe e puderem aprender com ele. Em suma: se tiverem a percepção de que estão sendo bem tratados por quem tem impacto direto e imediato no seu dia-a-dia profissional. Poderia ser diferente? É bem fácil concluir que não. Se o assunto é prioritário, altamente prioritário, o primeiro escalão tem o dever profissional de cuidar efetivamente dele.

Mas... e em termos práticos, dá para se fazer assim? Voltando à frase comum entre altos executivos: "Não posso cuidar desses detalhes", ou suas variantes, como "Não há tempo para isso", "Não dá", "Tenho outras coisas importantes para cuidar". Na verdade pode, sim; há tempo, sim; dá, sim. Ninguém duvida que um dirigente tem coisas importantíssimas para cuidar — pois bem, *essa é uma delas*. Na verdade, trata-se de uma questão de vontade, método e disciplina. Quanto do tempo que é aplicado em reuniões, apresentações, comitês, confecção e leitura de relatórios etc. não poderia ser transferido para o trabalho junto às chefias? Quanto do tempo que as pessoas da direção gastam entre si mesmas, conversando umas com as outras, não poderia ser utilizado no convívio com as gerências que ocupam degraus inferiores na organização? Seria assim tão difícil dedicar algumas horas por semana ou por mês para ouvir os funcionários e ver com os próprios olhos como trabalham? Quem não faz isso, no fundo, não conhece, em matéria de ambiente de trabalho, a realidade da empresa ou da área que dirige — e sem tal conhecimento não há como esperar nada de bom.

Dito isso, como chegar lá? Como desenvolver e manter a qualidade de relacionamento que fará os empregados se sentirem numa boa empresa para trabalhar? Como criar um sistema de blindagem eficaz contra os maus chefes? Más chefias, obviamente, são um fato da vida. Não existe neste mundo organização que tenha conseguido livrar-se definitivamente delas, e por mais que uma empresa se esforce, jamais estará imune à sua ação. É como na questão da justiça. *Não é fácil ser justo. E não é fácil eliminar os maus chefes. Mas muito pode ser feito para melhorar as coisas.*

A primeira e mais importante atitude a ser tomada é assumir a existência dessa realidade e passar a realizar um *trabalho permanente* de eliminação dos quadros da empresa de todos os chefes que se incluírem na descrição feita nas primeiras linhas deste capítulo.

Repito: trabalho permanente. Sim, é um trabalho que não acaba nunca. *Da mesma forma que é preciso man-*

ter um controle de qualidade permanente sobre produtos e serviços, é preciso fazer um controle permanente da qualidade das chefias.

Para isso, é essencial que a empresa estabeleça com clareza os seus critérios para definir o que significa ser um mau chefe. As características expostas no parágrafo inicial deste capítulo me parecem oferecer um amplo *checklist* para identificar, na prática, as pessoas que estragam qualquer ambiente de trabalho, afastam da organização os bons funcionários, anulam a manifestação de seus talentos — e, no fim das contas, desfazem os esforços e incentivos da empresa para atrair, manter e desenvolver gente boa. Aquela lista de características não esgota, é claro, todos os tipos possíveis de mau chefe, mas é mais do que suficiente. Sugestão: copiar a lista. Cabe numa folha de papel. E funciona.

Os instrumentos à disposição das empresas para estabelecer um sistema de acompanhamento do desempenho das chefias em suas relações com os subordinados são muitos e cabe a cada uma delas eleger os mais adequados à sua realidade e à sua cultura. Alguns exemplos:

- A avaliação dos chefes pelos subordinados — avaliação sincera, para valer, sem que o subordinado tenha que esconder o que pensa de fato.
- As entrevistas de saída, que ajudam a identificar maus chefes e evitar erros futuros.

- A disposição das pessoas que estão acima do chefe em ouvir os que estão abaixo dele.
- A fixação, para as chefias, de metas diretamente ligadas ao desenvolvimento dos subordinados.
- A elaboração de um painel onde se possa medir a freqüência com que um chefe sugere promoções ou aumentos para os seus comandados, divulga êxitos individuais de membros da equipe, inclui elogios nas fichas funcionais etc.
- A obrigação de identificar e apontar sucessores para ocupar seu próprio cargo.
- A medição da quantidade e qualidade de conhecimentos que o chefe está passando para os subordinados, e do seu empenho em transferir experiências.
- A aferição dos níveis de entusiasmo com que as equipes realizam suas tarefas.
- A cobrança na captação de novos talentos para a empresa.

No fim das contas, o que importa é a empresa se convencer de que os melhores esforços para aprimorar o ambiente de trabalho estão fadados ao fracasso se não houver por parte dos chefes, de todos os níveis, um verdadeiro esforço para conquistarem a admiração e o apoio dos subordinados. Portanto, é fundamental que projetos de aperfeiçoamento do ambiente de trabalho dediquem atenção verdadeiramente prioritária aos chefes, capturem seu entusiasmo e sua parceria — e os convençam da necessidade de executar as mudanças propostas. Mesmo porque serão eles, em muitos casos, os encarregados de transformá-las em fatos concretos.

✍ *Tome Nota*

- *Para a grande maioria dos funcionários, a empresa é o chefe — ou os chefes — com os quais eles têm que conviver todos os dias no trabalho.*
- *Faz parte do trabalho do primeiro escalão gerir de perto e de forma permanente o desempenho das chefias em seu relacionamento com os subordinados.*
- *Maus chefes são um fato da vida — mas muito é possível ser feito para melhorar as coisas.*
- *A lista de pontos para se identificar um mau chefe cabe numa única folha de papel. E funciona.*

Dow

Esta monumental indústria química, presente em quase todos os países do mundo, tem uma longa experiência em qualquer aspecto relacionado a recursos humanos — inclusive no que diz respeito à sua subsidiária brasileira. Não vamos falar aqui do seu sofisticadíssimo sistema on-line de gestão de pessoas, nem de todas as suas muito bem consolidadas políticas e práticas de RH. Vamos nos ater ao que a empresa faz para impedir a proliferação dos maus chefes. Em primeiro lugar, uma norma do mais elementar bom senso, mas que freqüentemente é ignorada por tantas empresas: ninguém passa a ocupar um cargo de chefia sem antes receber preparo específico para tal. Isso quer dizer que o preparo envolve treinamentos diretamente ligados ao gerenciamento de pessoas. Ou seja, ninguém chega lá "cruinho" e começa a brincar de "eu sou o rei, vocês me obedeçam". Segundo: há muitos anos a empresa adotou a avaliação 360° e a encara como um pré-requisito para o desenvolvimento pessoal. Ela é feita a cada 18 meses e engloba todas as posições hierárquicas. Os resultados chegam primeiro para o próprio avaliado que, em seguida, deve discuti-los com seu chefe. Nesse momento, o superior do chefe tem oportunidade de conhecer a visão que os subordinados do seu subordinado têm sobre ele. Se a pessoa foi mal avaliada como chefe, a empresa não perde tempo — imediatamente esse indivíduo passa a receber *coaching*. Terceiro: não é preciso esperar 18 meses, preencher um requerimento ou recorrer a qualquer medida formal para que atitudes inadequadas das chefias sejam avaliadas, julgadas e corrigidas. Por exemplo, se um chefe é visto se comportando de forma grosseira, ele será procurado pelo diretor de recursos humanos para que esclareça o que está acontecendo. Se ele precisar de ajuda psicológica, terá. Ou receberá mais treinamento. O certo é que a história não passará em branco. Quarto: anualmente há uma pesquisa interna de satisfação, e boa parte dela é focada no comportamento dos chefes. Com os resultados em mãos, ações são tomadas. Quinto: o diretor de recursos humanos *cumpre a sua função de diretor de recursos humanos*. Em vez de ficar trancado em sua sala, ou entrando e saindo de reuniões intermináveis, ele destina boa parte do seu tempo para circular pela empresa e conversar com as pessoas. Dessa forma, se relaciona bem com todos, e pouca coisa lhe escapa. Quando algum chefe ameaça mostrar seu lado satânico (coisa muito comum dentro das empresas...) ele logo fica sabendo, seja por presenciar tal comportamento, seja tomando conhecimento do fato por meio das pessoas que não hesitam em procurá-lo quando precisam desabafar. De novo, é o óbvio em ação, já que um diretor de RH só tem utilidade real se trabalhar mesmo como um diretor de RH. Mas, como todos sabemos, muitas vezes as empresas têm enorme dificuldade de perceber o óbvio.

Os 2.400 funcionários da Dow no Brasil, como se vê, correm bem menos riscos de ter que deixar a empresa por causa de um chefe insuportável.

Microsoft

A gigante mundial de programas de computadores, atividade na qual nada é mais importante que as idéias, provavelmente não teria chegado aonde chegou se seus líderes não soubessem gerenciar extremamente bem as pessoas. É claro: quem fala em idéias está falando em talento, e quem fala em atrair e manter talentos está falando em motivação. Há, ali dentro, uma enorme preocupação com tudo o que diz respeito a recursos humanos, o que inclui a qualidade das chefias. Qualquer empregado que passe a ter um subordinado passa a ter também uma série de obrigações. Tem que saber dar *coaching*, tem que saber gerenciar equipes de alta performance, tem que saber contratar, tem que saber demitir... E metade do seu bônus passa a depender do seu desempenho como gerenciador de pessoas.

Há oito anos, existe uma ferramenta on-line criada exclusivamente para avaliar os chefes — chama-se "*manager feedback form*". De seis em seis meses, os 380 empregados da operação brasileira da Microsoft respondem a diversas questões sobre o superior imediato. Quem não quiser não precisa se identificar. Alguns exemplos de questões: meu chefe me ajuda a entender como o meu trabalho impacta o resultado da subsidiária brasileira; meu chefe aponta quais são as oportunidades de carreira na minha área; meu chefe mostra em todas as suas ações respeito pela diversidade e por estilos gerenciais diferentes do dele; me dá oportunidades para falar o que está indo bem e mal; sabe motivar pessoas; sabe trabalhar em equipe; é respeitado pelas outras áreas da empresa; estimula o grupo a atender o cliente em primeiro lugar etc. Ou, então, apresenta falhas em alguns ou muitos desses itens. Se o chefe for mal avaliado por mais de um subordinado, o RH intervém. Não apenas a avaliação dos subordinados é incluída no julgamento de sua performance individual; ele receberá orientação sobre cursos e leituras que o ajudarão a melhorar. Ninguém o colocará numa sala de aula nem ficará controlando se ele está fazendo a lição de casa. Cabe ao chefe querer vencer suas dificuldades. A falta de vontade da parte dele ficará visível dali a seis meses, quando os subordinados o avaliarem novamente. E aí suas chances terminarão. Na Microsoft, ser mal avaliado como chefe é péssimo para a carreira. Os resultados de todas as avaliações ficam na ficha técnica do empregado. E se um dia ele se candidatar a uma posição fora do Brasil, cada detalhe será considerado.

Gerenciar pessoas da forma como a empresa espera faz parte do desenvolvimento dos profissionais da Microsoft. Ou seja, eles não têm opção: é se desenvolver nisso ou se desenvolver nisso. Obviamente, a empresa está certa. Será que com chefes diabólicos, inseguros e invejosos, ou simplesmente ineptos, ela teria conseguido atrair e segurar aqueles jovens que criam um programa mais sofisticado que outro?

7

Comunicação e transparência

O bom fluxo de informações dentro da empresa é essencial para sua imagem junto aos funcionários

Chegamos, aqui, a um dos temas mais discutidos nas empresas, mais presentes nos planos estratégicos dos departamentos de recursos humanos, mais citados como prioritários pela alta direção — e pior entendidos por todo mundo.

"Precisamos nos comunicar melhor!"; "Temos que montar uma nova política de comunicação!"; "Estamos perdendo a batalha da comunicação!". Quem ainda não ouviu uma frase desse tipo na sua vida profissional? E, no entanto, a freqüência com que essas frases são repetidas dentro das organizações mostra o quanto o item "comunicação" continua sendo tratado com mal-entendidos, falsas soluções, maus diagnósticos, terapias ainda piores, desinformação, equívocos de toda ordem — e pura e simples confusão.

Estamos falando, neste capítulo, de comunicação interna, ou seja, daquela que tem impacto e efeitos diretos no quadro de funcionários. A comunicação externa, destinada ao consumidor, ao mercado ou ao público em geral (para cuja formulação e execução as empresas normalmente contam com os serviços de agências de publicidade) é outra coisa. Tem a ver com vendas, propaganda ou imagem institucional. E embora haja empresas que coloquem os dois tipos de comunicação, interna e externa, num mesmo departamento ou sob um mesmo responsável, trata-se de universos inteiramente diferentes. Uma empresa, assim, pode ser extremamente bem-sucedida em suas comunicações com quem está fora dela — desenvolvendo grandes campanhas publicitárias, grande defesa de marcas, grande imagem junto ao público — e ser um completo desastre quando se comunica com os próprios funcionários.

Não há mais nenhuma dúvida de que, atualmente, o bom fluxo de informações dentro da empresa é um fator essencial para a qualidade do ambiente de trabalho. O julgamento que os funcionários fazem da companhia onde trabalham depende, em grande parte e de forma decisiva, do grau de informação que têm sobre ela. *No fim das contas, as pessoas formulam suas avaliações com base naquilo que sabem.*

Organizações nas quais a comunicação interna não é priorizada, ou não é tratada de forma profissional, têm, freqüentemente, problemas muito graves com a motivação dos funcionários. Surgem falhas e dificuldades quando se trata de envolvê-los em objetivos comuns. As pessoas não conseguem entender direito como a empresa funciona e quais são as suas necessidades. Por falta de comunicação, bons exemplos se perdem e erros se repetem. Conflitos desnecessários são criados de uma hora para outra. A incerteza, as dúvidas e a sensação de que não existe previsibilidade nos movimentos da empresa passam a deteriorar o ambiente de trabalho. Decisões acertadas, justas ou simplesmente necessárias não são entendidas assim pelos funcionários, por falhas na informação. Benefícios e outros gestos positivos em favor dos empregados passam despercebidos. Enfim, para completar o quadro, *empresas que se comunicam mal sofrem com todo tipo de mal-entendidos, incentivam a ampla circulação de boatos e substituem a verdade pela versão*. Um horror!

Como fazer o que deve ser feito? Como vencer a "batalha da comunicação" dentro da empresa?

O ponto de partida está em duas coisas fundamentais, ambas inteiramente subordinadas à postura do presidente e dos principais responsáveis pela organização. Primeira: a decisão da empresa — decisão verdadeira e para valer — de se comunicar bem com os funcionários; algo que só se consegue quando a alta direção assume *o real compromisso de informar tudo e dizer sempre a verdade*. Parece uma obviedade banal. Bem, pode até ser óbvio, mas o fato é que ninguém chegará a lugar nenhum em matéria de boa comunicação interna sem começar exatamente por aí. O que se vê freqüentemente nas empresas é uma completa contradição de princípios: sim, vamos estabelecer uma grande política de comunicação aqui dentro, mas atenção — vamos comunicar apenas aquilo que julgamos interessar à companhia. Na verdade, quem pensa e age assim está apenas ocultando fatos. Pode não ser o objetivo, mas certamente esse é o efeito prático. O primeiro passo, portanto, se resume a responder claramente à seguinte questão: queremos, sim ou não, dizer a verdade, toda a verdade, e só a verdade aos funcionários dessa empresa? Se a resposta é *sim*, começa a ser possível montar um sistema de comunicação eficaz. Se a resposta é *não*, esqueça. Qualquer coisa que se fizer será simplesmente inútil.

Segunda: caso exista realmente o compromisso mencionado no parágrafo anterior, é indispensável entender que *boa comunicação interna consiste em passar mensagens, ou seja, fornecer conteúdo, e não em criar meios, ou seja, montar instrumentos de informação*. É comum existir uma confusão mortal quanto a isso. Em minhas experiências junto a empresas, pude verificar de perto a freqüência com que os principais executivos misturam (ou trocam) a substância pela forma, e como resultado acabam comprando gato por lebre. Tal confusão, classicamente, se manifesta numa série de equívocos encadeados, que se sucedem da seguinte forma: "Temos um problema de comunicação porque nos faltam bons canais para levarmos as informações aos funcionários; precisamos criar ou reformar completamente nosso jornal interno, nossa revista, nossos murais, nossas circulares, nosso site, nosso correio eletrônico. Para isso vamos contratar um ou mais excelentes jornalistas, ou a melhor assessoria de comunicação que exista no mercado; problema resolvido." Não, o problema não está resolvido. Agindo assim, na verdade, a empresa provavelmente só gastará dinheiro sem conseguir qualquer melhora importante no diálogo com seus colaboradores.

Obviamente, é indispensável que haja meios físicos de comunicação com os funcionários — jornal interno ou seja lá o que se quiser — e que eles sejam operados por profissionais competentes. É indispensável, igualmente, que tenham boa qualidade técnica. Mas a questão central não é de ordem técnica, e nem cabe ao jornalista, por melhor e mais bem pago que seja, resolver os problemas de comunicação interna de uma empresa. Essa tarefa, em sua essência, cabe unicamente às pessoas que têm condição de fornecer as informações ou autorizar sua divulgação; ou seja, aos responsáveis pelo comando da organização. Em suma: *o que vale, mesmo, é a qualidade da mensagem, seu teor e conteúdo, e não a qualidade do meio usado para transmiti-la.*

O princípio geral, para se obter esse tipo de qualidade, é simples: *a comunicação interna deve ser a mais ampla e a mais aberta possível*. Fazendo isso, exatamente isso, a empresa vai acertar muito mais do que errar. Mas, na prática, seria viável dizer tudo a todos, durante todo o tempo? Claro que não. Evidentemente, que por motivos estratégicos ou comerciais, certas informações precisam ser tratadas de forma sigilosa. Há casos e circunstâncias especiais. Existem fatos cuja divulgação pode ocasionar graves danos às pessoas ou à empresa. Mas sejamos francos: *quantas vezes, realmente, as coisas são assim?* Essas são as exceções, e como exceções devem ser tratadas. O habitual — e o ideal — é divulgar para os funcionários tudo o que disser respeito à empresa, suas ações e seus objetivos. Para bom entendedor, essa é a norma de procedimento a seguir.

Comunicação, para ser uma arma efetiva em termos de clima organizacional, é muito mais — não custa repetir! — do que ter o inevitável "jornal interno". Ela deve ser utilizada no sentido de fazer os *funcionários realmente entenderem como e por que* a empresa toma essa ou aquela decisão; faz essa ou aquela mudança; tem essa ou aquela política de remuneração, de promoções ou de benefícios; promoveu *A* ou demitiu *B*; está comprando isso ou vendendo aquilo. A comunicação deve informar os funcionários, dentro do que for essencial e possível, sobre a situação financeira, os resultados, as ações dos concorrentes, estratégias comerciais e de mercado, associações e parcerias etc. Deve ser clara, objetiva e compreensível. Resumindo: *boa comunicação é a que consegue levar os funcionários a entenderem efetivamente o que estão fazendo, e por que estão fazendo o que fazem.* Promover essa lógica no cotidiano do ambiente de trabalho, por meio da informação, é fundamental para as pessoas se convencerem de que têm interesses comuns com a empresa.

Para determinar o que pode ou não ser divulgado para os funcionários, há uma pergunta-chave: *qual efeito negativo — de verdade — pode ocorrer com a divulgação?* Se não houver resposta clara e convincente, é para divulgar. Por fim, uma regra de ouro em termos de comunicação interna: *os funcionários nunca deveriam ficar sabendo de alguma informação sobre a empresa pela imprensa.* As coisas andam realmente mal, em matéria de diálogo com os funcionários, quando quem está fora sabe primeiro e melhor do que quem está dentro.

Tome Nota

- *O primeiro passo é tomar a decisão verdadeira de dizer as coisas, e dizê-las como elas são.*
- *O essencial é a mensagem, e não o meio.*
- *A empresa vai acertar muito mais do que errar fazendo sua comunicação interna ser a mais ampla possível.*
- *Os funcionários nunca deveriam ficar sabendo pela imprensa de algum fato sobre a companhia.*

Accor

Comunicar-se direito com seus funcionários tem sido uma das preocupações básicas do Grupo Accor, o gigante francês que atua nas áreas de hotelaria, alimentação, marketing e viagens. A prática de informar as pessoas — e *ouvir* o que elas têm a dizer — transformou-se num princípio de gerência dentro do Grupo Accor. Esse princípio é conseqüência natural da decisão de fundamentar as ações da empresa em três eixos — *people, service, profit*, nessa ordem, ou seja, em primeiro lugar, as pessoas; em seguida, o serviço; e, depois, o lucro. Com 27 mil funcionários só em sua operação brasileira — o Accor é uma das empresas que mais emprega no país —, a tarefa, de fato, requer *muuuuito* empenho. O foco maior da política de comunicação da companhia é ouvir as pessoas, o que, na verdade, é mais difícil do que fazer chegar a elas as informações. Há diversas ações em curso com esse objetivo.

Primeira: duas vezes ao ano há um grande evento, em que o comitê de direção (do qual, naturalmente, o presidente faz parte) passa uma manhã inteira num auditório em São Paulo, onde fica o escritório principal, respondendo a perguntas. Além dos 800 funcionários presentes, outros 8 mil, de diversos estados do Brasil, participam da reunião por meio de mídia interativa. Detalhe: a presença não é obrigatória. O evento existe já há alguns anos e, hoje, ninguém mais faz cerimônia — pergunta-se sobre remuneração, estratégia, concorrência.

Segunda: os diretores de área são incentivados a praticar a política de "portas abertas", o que significa estarem preparados para ouvir seus funcionários de forma espontânea, sem que seja necessário agendar as conversas. A idéia é aproveitar toda e qualquer oportunidade para saber o que as pessoas pensam. Isso aconteceu naturalmente, em conseqüência do sucesso dos eventos com o comitê de direção. Não dá para todos os empregados da empresa participarem, pois é muita gente; mas dá para que os que participaram e sentiram como é bom ser ouvido fazerem o mesmo com aqueles que estão abaixo hierarquicamente.

Terceira: duas vezes por ano há o ParticipAccor, apresentação do "Balanço Social" pela equipe de Recursos Humanos, para diretores e RH locais de todas as unidades da empresa no Brasil. A maratona é feita em duas semanas e requer a presença da equipe inteira de RH. Em cada unidade são feitas reuniões com grupos de, no máximo, 20 pessoas, para mostrar o balanço — documento no qual o Accor relaciona tudo o que fez durante o ano em relação aos seus colaboradores e à comunidade — e ouvir o que eles têm a dizer. As questões que surgem são tabuladas e discutidas com o comitê de direção.

Quarta: o Accor faz uma grande pesquisa interna de clima uma vez ao ano e outras, mais breves, a intervalos mensais. Na pesquisa maior, boa parte das questões é relacionada à comunicação e às condições que os funcionários estão recebendo da empresa para atender bem os clientes, ponto extremamente importante para a satisfação deles. Essa pesquisa identifica cada área da empresa e depois gera um plano de ação, que imediatamente é colocado em prática. As pesquisas rápidas são feitas por telefone para checar se as ações estão de fato sendo implementadas, e para descobrir falhas, por exemplo, na comunicação interna. Quando o pesquisador avisa que tal funcionário não sabia de tal notícia, a primeira providência é comunicá-lo sobre a notícia. A segunda, investigar por que ele não ficou sabendo.

É certo que em termos de comunicação o Grupo Accor ainda não chegou aonde deseja — ele quer criar uma cultura de comunicação. Mas é certo também que o caminho que ele escolheu tem fortes chances de levá-lo exatamente aonde ele quer chegar.

Landis+Gyr

Empresa de medição de energia, que incorporou a antiga Inepar, do Paraná, a Landis+Gyr pertence ao KKR, um grupo de investimentos americano. Apesar do tempo relativamente curto em que está sob o comando de seus novos controladores, a empresa, com sede em Curitiba, já conseguiu classificar-se em primeiro lugar, em 2002, entre as melhores empresas do Brasil para trabalhar.

Um dos principais mandamentos da Landis+Gyr é atacar de frente o mal que tanto aflige as organizações: a falta de comunicação. Para manter o melhor diálogo possível com os funcionários, a empresa se orienta por dois princípios fundamentais. O primeiro é, simplesmente, falar sempre a verdade. O segundo é tratar com seriedade qualquer dúvida ou desejo de informação por parte dos empregados. Para isso, o presidente se compromete a não deixar uma única pergunta sem resposta.

As ferramentas utilizadas pela Landis+Gyr na execução de sua política de comunicação são variadas, começando por uma série de "cafés". Há, por exemplo, o "Café com o Presidente", um encontro da diretoria da empresa e colaboradores convocados pelo serviço social. Realizado mensalmente, tem a duração de 1h30 e busca aproximar os empregados e a alta direção da empresa. Os esclarecimentos e sugestões que surgem durante os cafés têm reflexo direto na produtividade e na qualidade. A equipe passa a conhecer melhor a situação da empresa e entende de maneira mais clara como pode colaborar para o crescimento contínuo da organização.

Segue-se o "Café com Áreas de Eficácia", uma reunião entre os coordenadores das diversas áreas e suas equipes, na qual promove-se a discussão das questões pertinentes a cada setor. Há, enfim, o "Café com os Gerentes". Todas as sextas-feiras, empregados com função gerencial e de coordenação tomam o café da manhã com o presidente da empresa. O café é um momento de diálogo, onde se trocam idéias e experiências relativas à semana que passou e traçam-se as coordenadas para a próxima semana.

Outro instrumento de comunicação é a chamada "Palavra do Presidente", um programa trimestral onde o número 1 da empresa transmite a todos os funcionários notícias atuais da organização e seus negócios, de maneira simples e objetiva. A "Rádio Irradiação", programa de rádio feito diariamente pelos empregados da Landis+Gyr (e cujo nome foi escolhido em votação por eles mesmos), é mais um canal de comunicação aberto na empresa. Os locutores, que são os próprios funcionários, estão disponíveis para transmissões extraordinárias. Anunciar os negócios realizados também faz parte do esquema: cada vez que fecha uma venda o time de vendedores bate o sino, que pode ser ouvido por todas as áreas da produção. Simultaneamente, a informação é transmitida pela "Rádio Irradiação". Há ainda um telão, localizado no centro da fábrica, que exibe diariamente informações diversas aos funcionários — um meio simples e eficaz de comunicação, pois mesmo durante o desenvolvimento das suas tarefas as pessoas podem visualizar as fotos e ler os textos.

A rede de comunicação da Landis+Gyr é completada, enfim, pelo programa "Se Eu Fosse o Presidente". Trata-se de um canal de comunicação direto entre os empregados e o presidente da empresa, via e-mail. Todos os colaboradores podem fazer perguntas e formular sugestões para a alta administração. Todos recebem resposta.

A Landis+Gyr, naturalmente, também se vale de um forte sistema de benefícios para turbinar a motivação de seus funcionários. Mas a excelência nas comunicações é o ponto de destaque em sua política de recursos humanos — e ela não pretende abrir mão disso.

Arvin Meritor HVS

Na unidade HVS da empresa americana Arvin Meritor, em Osasco, na região metropolitana de São Paulo, o trabalho é pesado. Ali fabricam-se eixos para caminhões, ônibus e tratores. Embora o barulho das máquinas seja intenso e constante, não há problemas de comunicação entre os 950 funcionários. A empresa conseguiu resolvê-los por meio de algumas ações simples e efetivas. Todos os dias, no começo do expediente, os funcionários se reúnem durante 15 minutos para discutir as metas, as dúvidas e os ajustes que precisam ser feitos. Detalhe: não são os chefes que conduzem as reuniões, mas sim os próprios operadores de máquinas. Há também uma reunião mensal com líderes de equipe, eleitos pelos próprios colegas, para discutir questões mais gerais de produção e de pessoal. Funcionando como uma espécie de retrato da empresa, painéis espalhados pela fábrica divulgam diariamente o índice de produtividade, as melhores idéias adotadas e os diversos programas de recursos humanos em desenvolvimento. Esse modelo de comunicação tem dado resultados. A prova foi a decisão da Arvin Meritor de montar um programa para aumentar a auto-estima dos operários, sugerido por um deles.

A empresa resolveu ouvi-los e entender o que os faria mais felizes dentro da companhia. E descobriu que uma coisa que incomodava a maioria era a roupa que usavam: um macacão que, além de ser feito de um tecido desconfortável, passava a semana inteira sujo de graxa. A solução encontrada, em conjunto, foi substituir os macacões por camisetas brancas. A empresa passou, então, a fornecer e a lavar diariamente as peças para todos os operadores de máquinas. Naquele ambiente hostil de máquinas, ruídos e graxa, uma simples e barata peça de roupa fez milagres. A auto-estima das pessoas aumentou, e com ela o desempenho. Investimento total da Arvin Meritor nesta ação: R$12.000! Retorno: metas jamais atingidas na história da empresa, em relação à satisfação e aos índices de acidentes.

8

Construindo um clima de camaradagem

Tudo o que puder ser feito para estimular um relacionamento amigável entre os funcionários vale a pena — e conta pontos valiosos na avaliação da empresa

Muito do bom ambiente de trabalho depende do astral positivo que existe em torno das pessoas. Quantas pessoas não dizem que gostam muito da empresa em que trabalham porque *gostam dos colegas que têm em volta de si*? Quanta gente não se liga fortemente a uma companhia pelo puro e simples prazer de conviver todos os dias com pessoas que aprecia e estima? Quantos bons funcionários não dão um valor importante, às vezes decisivo, à "turma" do trabalho? Empresas onde vigora um real clima de camaradagem entre os colaboradores levam uma grande vantagem na hora em que se mede o grau de satisfação dos empregados. Podem equivaler a outras em muitos dos itens abordados neste livro, ou mesmo serem inferiores neste ou naquele ponto, mas os laços de amizade e as boas relações pessoais existentes dentro do quadro de funcionários acabam fazendo toda a diferença. A atmosfera de companheirismo funciona até mesmo como um fator precioso para a retenção de talentos: é comum ver um excelente profissional comprometer-se em longo prazo com a organização e recusar propostas de emprego feitas por outras empresas, por causa das amizades e do bom entendimento que existe entre os colegas do lugar onde trabalha.

Estamos falando aqui do *grau de conforto pessoal que os funcionários sentem na empresa* — algo muito difícil, se não impossível, de se conseguir quando predomina no grupo um clima de frieza, indiferença, tédio (ou, muito pior ainda, de hostilidade) no relacionamento entre os seus integrantes. Para se sentirem confortáveis e à vontade no seu dia-a-dia profissional — e, portanto, para poderem dizer que gostam da empresa em que trabalham —, os funcionários precisam, necessariamente, dar-se bem entre si e sentirem satisfação no convívio com as pessoas que estão ao seu redor diariamente. Afinal, por mais peso que tenham, os superiores imediatos e os executivos que ocupam os níveis mais altos da organização não são tudo. A empresa é, também, o conjunto dos indivíduos na mesma situação que a sua, mesmo porque a convivência é maior com quem está a seu lado. Trata-se, em suma, de uma situação que não se afere por meio de tabelas ou números, mas que exerce um papel de capital relevância na composição de um ambiente de trabalho estimulante.

Os elementos fundamentais para a existência de um bom astral dentro da empresa são o bom humor, a simpatia, a solidariedade, a tolerância, o respeito mútuo, o espírito de cooperação, a cortesia, a boa vontade, a afabilidade no trato, a honestidade pessoal. Gente que apresenta essas características no seu comportamento dentro da empresa ajuda — e ajuda muito — a torná-la um excelente lugar para trabalhar. Gente que não é assim atrapalha — e atrapalha muito. Não há, como se verifica, maiores mistérios nesse assunto. *Um clima de camaradagem verdadeiro se constrói com pessoas* — pessoas que demonstrem em sua personalidade, em sua postura e em seus atos a presença da maioria dos sinais que compõem o tipo básico do bom companheiro.

Falei há pouco da importância, para a imagem das empresas, de fazerem um permanente "controle de qualidade" das chefias. Ele é necessário, também, em relação aos funcionários comuns. *É preciso, em uma palavra, zelar pela qualidade das pessoas como seres humanos, qualquer que seja o lugar que ocupem na hierarquia interna.* Indivíduos com falhas de caráter, personalidades problemáticas, temperamentos azedos, gente neurastênica, grosseira ou depressiva, tipos que agridem ou incomodam os colegas, pessoas egoístas, intrigantes ou maldosas, índoles coléricas e violentas, são um fator-chave para estragar a vida de todo mundo ao seu redor. Livrem-se delas — por mais eficientes e boas profissionais que sejam.

Pense um pouco: por qual motivo uma empresa deveria tolerar em seu quadro de empregados alguém que bate na mulher ou nos filhos? Ou por que teria que aceitar a presença de um alcoólatra, a menos que esteja empenhado num tratamento de recuperação? Evidentemente, empresas não são escolas destinadas a formar pessoas de bom caráter. Não é sua obrigação transformar gente ruim em gente boa. Elas têm, apenas, que recusar o que é ruim.

Não é raro ouvir dizer que esse tipo de preocupação está além dos deveres da empresa, ou que elas não podem fazer muita coisa a respeito. Podem sim — por que não? Uma vez reconhecida a importância de se criar, estimular e manter um ambiente de bom relacionamento pessoal entre os colaboradores, *os departamentos de RH e os diversos níveis de gerência têm à sua disposição toda uma gama de ferramentas para lidar, na prática, com essa questão*. Os processos de seleção, por exemplo, podem perfeitamente incluir a análise de características pessoais — coisas como personalidade, sociabilidade, temperamento, caráter etc. — entre as condições que alguém precisa ter para ser admitido na organização. Muitas empresas, na verdade, fazem isso regularmente, com resultados tanto melhores quanto maior é a seriedade com que se empenham em tal tarefa, e quanto mais precisos forem seus métodos de avaliação psicológica. A monitoração dos comportamentos individuais, no cotidiano do ambiente de trabalho, é outro instrumento eficiente. Basta olhar o que acontece — e levar a sério o que acontece, não jogando para baixo do tapete, como questão "menor", atos inadequados nessa área.

Há empresas que incluem de maneira sistemática as características descritas neste capítulo nas fichas de desempenho profissional de cada funcionário. O que é bom conta pontos positivos em termos de carreira, perspectivas e oportunidades profissionais, valorização do empregado para a companhia e assim por diante. O que é ruim conta ao contrário. Igualmente, um bom número de organizações bem-sucedidas no julgamento que recebem de seus colaboradores se esforça em criar canais destinados a incentivar a interação positiva entre as pessoas: clubes, festas, excursões, oportunidades de congraçamento, grupos de atividades, projetos comunitários, iniciativas junto ao meio ambiente etc. Tudo isso pode ajudar muito a melhorar o convívio e o bom relacionamento entre os funcionários. Cursos de aperfeiçoamento pessoal, seminários de auto-ajuda e apoio psicológico profissional também têm condições de desempenhar um papel produtivo no aprimoramento das qualidades humanas do quadro de pessoal. Há, ainda, companhias que privilegiam a contratação de familiares e amigos dos seus empregados, possibilitando a eles fazerem indicações (que serão julgadas de forma preferencial) para cargos que se abrem ou ficam vagos.

Existe, como se vê, muita coisa que pode ser feita. A questão, mais uma vez, é envolver-se de verdade nessa área, transformando o desejável em realidade e fazendo com que declarações de bons propósitos se traduzam em fatos concretos na vida cotidiana das empresas. A definição de gente boa não inclui apenas competência profissional, talento, dedicação e bons resultados. *Inclui, também, qualidades de caráter.*

Lembre-se que os funcionários passam uma boa parte da vida dentro da empresa. É essencial, portanto, que possam ter ali um convívio agradável e estimulante com os colegas. Até porque funcionários que convivem bem entre si tendem a estender essa atitude positiva a quem está fora da empresa — e isso, sem dúvida, vale muito.

✍ Tome Nota

- *Laços pessoais de amizade entre os funcionários fazem diferença.*
- *Um clima verdadeiro de camaradagem se constrói com pessoas — e com as suas qualidades individuais.*
- *Existe uma ampla escolha de instrumentos para as empresas promoverem boas relações entre seus empregados.*
- *A definição de gente boa inclui gente de caráter.*

Móveis Casa Verde

Quem quiser entender o exato significado dos termos "união" e "sentido de família", fatores essenciais para a motivação dentro de uma empresa, deve fazer uma visita à Móveis Casa Verde. Terá que ir até a cidade de Mirassol, perto de São José do Rio Preto, no interior de São Paulo, mas a longa viagem — 450 quilômetros — valerá a pena. Esta grande fábrica de móveis é uma empresa *feliz*. Os empregados aparentam estar felizes, os donos parecem estar felizes e tudo parece estar dando certo. Para criar e manter essa atmosfera de conforto mútuo, a Casa Verde decidiu pautar-se por um princípio eficaz: *não complicar*. De fato, é lançando mão de recursos simples, diretamente ligados aos interesses e sensações dos funcionários, que a empresa age para manter o diálogo com eles. A música, por exemplo, faz parte do dia-a-dia da Casa Verde — e é usada para gravar na memória das pessoas todas as comunicações importantes. Normalmente, isso é feito com o envolvimento direto do comando da empresa. Os donos da Casa Verde, um casal muito simpático e naturalmente comunicativo — Cristina e Luís Henrique Dalul —, criam e tomam parte ativa em todos os eventos, conseguindo, a partir do seu exemplo, a participação das principais chefias. Há pouco tempo, para citar um caso típico, os funcionários fizeram uma caminhada de uma hora nas redondezas da empresa, com o objetivo de refletir sobre questões como saúde e meio ambiente. O passeio foi feito ao som de uma música da dupla Chitãozinho e Xororó. Todos cantavam e os líderes puxavam a fila. A caminhada foi filmada pelo gerente industrial. Na hora do almoço, no refeitório, o filme foi exibido e, como sempre, foi aquela emoção... É claro: poucas coisas são capazes de envolver tanto as pessoas, e as aproximarem, quanto o fato de verem numa tela elas mesmas e os colegas. Na Casa Verde é tudo assim, na base da emoção, com filme, festa, música e lágrimas. É simples, como já disse. E funciona.

A personalidade individual, o estilo e o modo de ser dos donos da empresa, sem dúvida, facilitam e ao mesmo tempo estimulam a integração do pessoal. Para começar, eles mesmos conhecem os 300 empregados pelo nome (e boa parte de suas famílias), o que prova, na prática, algo muito importante: é perfeitamente possível para o primeiro escalão, sim senhor, conhecer cada pessoa que trabalha na empresa. Quantas vezes se ouve os integrantes do comando de uma organização dizerem que "não dá para conhecer todo mundo", mesmo em lugares onde há menos de 300 pessoas? É claro que dá — basta que se queira, de verdade, fazer isso.

Sempre se valendo de coisas simples, a Casa Verde acredita que é importante para a harmonia do clima de trabalho deixar as pessoas o mais à vontade possível. Depois do almoço, alguns funcionários passeiam pelos jardins, outros jogam cartas na área de lazer, outros dormem numa sala de descanso construída a pedido deles. Nos fins de semana, há torneios de futebol e churrascos no clube erguido exclusivamente para uso dos funcionários e seus familiares. Todas as datas são comemoradas de forma especial, seja na empresa ou no clube — e freqüentemente o coral faz pano de fundo. (Luís Henrique e Cristina, claro, também são do coral.) Os ganhadores dos programas "As Coisas Boas da Semana", "As Coisas Boas do Mês" e "Projeto Luz" (melhores idéias) recebem *bottons*, diplomas ou prêmios na hora do almoço, no refeitório, e são fotografados junto com os donos da Móveis Casa Verde. Tudo isso quer dizer que boa parte da vida social dessas pessoas gira em torno da empresa — um vínculo extremamente poderoso e eficaz em termos de envolvimento positivo com o ambiente de trabalho. Não surpreende, assim, que as pesquisas internas de clima apontem que o grau de camaradagem é elevadíssimo. Pouca gente falta, se não for realmente necessário: a meta de absenteísmo, que é de 1%, não chega nem a 0,5% na Casa Verde. Acidentes raramente ocorrem — graves, então, há anos não são registrados. Para uma atividade como a indústria moveleira esses são diferenciadores notáveis.

Talvez o que melhor ajude a entender tudo isso seja um fato fundamental: Cristina Urbinati Dalul assumiu pessoalmente toda a área de RH da empresa, por acreditar de verdade no conceito de que o relacionamento com os empregados é algo decisivo para a boa saúde do negócio — tão decisivo que merece ficar diretamente nas mãos de quem está no topo. Tempo para fazer isso? Ela encontra, por estar convencida de que é obrigação natural de um dirigente de empresa encontrar tempo para *aquilo que é prioritário*. Cristina, na verdade, parece agir como uma assistente social. Considera que o tratamento aos funcionários da empresa é, muito simplesmente, um dos principais deveres que tem no seu dia-a-dia como empresária. Por isso é ela mesma quem cuida de remuneração, benefícios, bônus e tudo o que se relacione com a administração de pessoal. Faz uma enorme diferença, no fim das contas: o funcionário sabe e sente que seu salário, suas promoções, suas oportunidades e seu crescimento profissional não estão à mercê de um sistema burocrático, impessoal e com várias instâncias, mas sim sob a atenção direta de quem dispõe do poder de resolver. A conseqüência prática é que a Casa Verde paga salários bem acima da média do setor e da região.

Por colocarem mesmo a mão na massa, todos os dias, os donos acabam se misturando com os funcionários de uma forma que nem parecem donos.

É a vitória da coisa simples.

Redecard

Até 1996, a Redecard não existia. Era apenas o departamento de transmissão de dados e captura de transações do Credicard. Num belo dia, os então acionistas do Credicard — Citibank, Itaú e Unibanco — decidiram que aquele departamento passaria a ser uma empresa com vida própria, e assim nasceu a Redecard. Mas os funcionários não ficaram felizes com a mudança. Para começar, eles consideravam aquilo que faziam menos importante — transmitir dados e captar novas transações para os clientes do Credicard não parecia tão importante quanto vender cartões de crédito, segundo sua visão. Além disso, a idéia de trabalhar numa empresa de nome totalmente desconhecido no mercado estava soando péssima. O presidente nomeado para iniciar a nova operação, Lywal Salles, tinha como meta fazer a empresa dar todo o lucro que os acionistas esperavam e, para isso, precisava que a equipe estivesse motivada.

Sua estratégia foi simples e inteligente. Reuniu as pessoas e propôs construírem uma empresa da qual todos se orgulhassem dali a três anos. E mais: já que eram um "mal necessário" para o Credicard, por que não ser melhor que a empresa-mãe? Após dois anos, esses objetivos haviam sido atingidos. Os números estavam maiores que a encomenda e a equipe tinha se transformado em algo parecido com a torcida do Corinthians, de tão fanáticos pela Redecard — hoje uma freqüentadora assídua da lista das melhores empresas do Brasil para trabalhar.

Lywal Salles ficou só mais um ano na empresa, como era previsto. Mas o sentido de união da equipe já estava arraigado. Havia nascido nas pessoas um enorme orgulho — orgulho de ver o que elas mesmas tinham criado. São sentimentos assim que a gente percebe no ar quando entra na sede da Redecard, na Avenida Paulista, em São Paulo. Os funcionários que entraram depois, como que contagiados por esse clima, parece que automaticamente passaram a sentir as mesmas coisas. Nesses quase sete anos de vida, muitas coisas mudaram na Redecard. A maior parte delas para melhor. A comunicação é direta e objetiva. A estratégia é clara, bem definida e, o que é mais importante, todos a conhecem. Cada um dos 683 funcionários sabe exatamente quais são as suas metas e o que é preciso fazer para atingi-las. O pacote de salários e benefícios é generoso. O ambiente é informal — não há salas separadas, a não ser a do presidente. O modo de vestir é *casual*; até o presidente usa jeans. Enfim, tudo isso se traduz em motivação, e essa motivação se traduz em resultados: desde que nasceu, a Redecard vem conseguindo crescer mais de 20% ao ano.

Bacardi Martini

Não é comum relacionar paixão ao mundo corporativo inglês. Mas é exatamente isso que se vê nessa engarrafadora britânica de bebidas, subsidiária da multinacional Bacardi, fundada em Cuba, em 1862, e com operações espalhadas por diversos países. A explicação, segundo os funcionários, está no clima familiar e aberto adotado na filial da companhia, na Inglaterra. A primeira regra é simples: não há regras. É um lugar onde os funcionários têm a liberdade de fazer as coisas pelo sistema que cada um considera ser melhor — obviamente, desde que funcione.

Há outras atenções que cativam os funcionários. O refeitório, onde freqüentemente se tem a impressão de estar diante de um banquete, oferece uma refeição gratuita por dia. No Internet Café, instalado dentro da companhia, o acesso à Web é gratuito. Já que as máquinas não podem parar, jogos da Copa do Mundo ou de outros campeonatos importantes são transmitidos dentro da companhia. Os 550 funcionários ainda têm à sua disposição uma loja de conveniência, que freqüentemente os faz economizar tempo para as compras de última hora, além de uma lavanderia. Há, também, uma academia que abre às 7 horas da manhã e não fecha nem nos fins de semana. Os diretores ficam em salas com paredes de vidro, onde qualquer empregado pode entrar livremente, na hora que precisar. Os chefes também tentam sentar com diferentes grupos a cada intervalo para as refeições. Os empregados que são demitidos continuam recebendo auxílio-desemprego da companhia durante até seis meses. Quando termina esse período, o ex-empregado é consultado pela diretoria e, se ainda estiver sem trabalho, continua recebendo a ajuda pelo período que precisar.

A Bacardi consegue, com esse tipo de enfoque, desenvolver um ambiente onde há sensação de vida, de que "as coisas acontecem", e de que a jornada de trabalho é mais do que *X* horas passadas dentro da empresa em troca de *X* em dinheiro. Em suma: há um esforço para fazer com que o trabalho não se limite à execução diária de uma soma de tarefas, mas que seja também uma vivência agradável. Naturalmente, isso acaba tendo um impacto favorável no convívio entre os funcionários e no estabelecimento de relações de companheirismo entre eles.

9

Recompensas materiais: a força dos salários e dos benefícios

Pagar bem não é apenas uma questão de números e de quantidade — é também uma questão de idéias e de qualidade

Logo na introdução deste livro, observei que as compensações materiais — salários, benefícios e outros incentivos que acabam compondo a remuneração total — não eram por si só suficientes para criar um ambiente de trabalho de primeira classe. Não são mesmo. Mas são importantes, provavelmente indispensáveis, para isso.

Uma empresa que paga mal não faz nenhum esforço para colocar-se acima da média de remuneração do seu setor, pouco ou nada oferece como benefícios, não se interessa em prover outros estímulos de ordem material e *está automaticamente se colocando fora da lista das melhores* organizações do país para trabalhar.

Como acertar aí? Não faltam no mercado consultores competentes para questões de remuneração. Por outro lado, cada empresa sabe qual é a realidade salarial da sua área, como estão agindo os concorrentes, o que se costuma pagar a este ou àquele tipo de profissional. Uma empresa em que 80 ou 90% dos funcionários têm nível universitário ou alta capacitação técnica vive uma situação. Empresas cuja atividade exige mão-de-obra de qualificação simples vivem outra. Há variações fundamentais, em matéria de remuneração, conforme a localização geográfica da companhia — o mercado de trabalho de São Paulo é uma coisa, o do interior de Santa Catarina ou de Pernambuco é outra. Há também diferenças determinadas pelo número de empregados que compõem a folha de pagamento. Há práticas de remuneração que variam de acordo com os diversos ramos de atividade no mundo empresarial. Longe de mim, portanto, mencionar cifras ou tentar dizer ao leitor o que é ou o que não é um bom salário, o que é ou o que não é um bom benefício, se é esta ou aquela a melhor política de remuneração que existe. O importante, segundo mostra a experiência de empresas que freqüentam a lista das melhores do Brasil para trabalhar, é ter em mente alguns conceitos básicos.

A remuneração — variável conforme o desempenho de cada funcionário, pois *ganha mais quem faz mais e melhor* — é um desses pontos-chave. Tanto quanto ou até mais que o valor em si do salário fixo mensal, em termos de motivação, conta pontos preciosos a perspectiva do empregado de ampliar seus ganhos por meio da performance pessoal, aferida por sistemas de metas e objetivos. Em empresas que adotam com seriedade essa filosofia de remuneração, fazendo a parte variável ter um valor significativo e claramente perceptível para todo mundo, o funcionário deixa de ver no reajuste anual e coletivo, ou na promoção para um posto superior, as únicas possibilidades de levar mais dinheiro para casa. Ele se habitua a agir de maneira individual e concreta para aumentar o que ganha. Isso lhe dá uma sensação de muito maior controle sobre sua própria remuneração — um estímulo decisivo para trabalhar mais motivado, ser mais produtivo e aprimorar a qualidade do que faz.

Os bônus anuais pela realização de metas individuais ou coletivas (ou ambas as coisas) são um dos instrumentos mais utilizados e eficazes para se compor a remuneração variável, mas não o único. Existem diversos outros meios para se executar esse tipo de política — pagamentos com maior freqüência (semestrais ou trimestrais), formação de fundos de ações, incentivos de longo prazo, participação nos lucros, prêmios variados, *stock options* e por aí afora. O importante é que existam, que obedeçam a regras claras e, principalmente, que tenham a ver com a realidade concreta dos funcionários. Ou seja, *as recompensas precisam ser algo que qualquer funcionário possa realmente obter com a melhoria do seu trabalho* (não um sonho que só uns poucos conseguem realizar) e, uma vez obtidas, precisam fazer diferença efetiva em matéria de dinheiro no bolso. Mixaria não adianta nada. A empresa só gasta mais e não contenta ninguém.

A possibilidade clara, concreta e aberta a todos os colaboradores — qualquer que seja a sua posição na escala hierárquica — de obter salários maiores de acordo com o avanço individual dentro de um plano de carreira é outro fator fundamental no universo da remuneração. *As pessoas querem ser promovidas — e geralmente estão dispostas a fazer o que for necessário para isso.* O que querem é a chance, como já tive oportunidade de dizer no capítulo sobre oportunidades e perspectivas de crescimento individual. Não se atenderá a esse tipo de anseio sem a adoção de bons planos de carreira. De que tipo? De novo, vale aqui o que foi apontado anteriormente quanto ao valor da remuneração. Sistemas de ascensão profissional por meio de promoções têm que ser, obrigatoriamente, talhados sob medida para cada empresa.

Outro conceito básico, agora em matéria de benefícios, é a conveniência de se colocar esse tipo de incentivo material como parte de um leque maior de opções. Hoje em dia, e cada vez mais, *benefícios desenhados segundo as necessidades e anseios pessoais dos funcionários têm sido um atrativo altamente apreciado*. Uma parte deles, é claro, deve ser comum a todos. Mas há coisas que têm mais ou menos valor para uns do que para outros. Por que, então, não conferir os benefícios de forma diferenciada, dando às pessoas a opção de escolher para si o que consideram mais interessante? A experiência de muitas empresas mostra que isso é perfeitamente possível e que a diferença de custos, no fim das contas, acaba sendo irrelevante. É preciso atentar, igualmente, para o fato de que há hoje no mercado de trabalho um rol de compensações tidas como indispensáveis: plano privado de aposentadoria, plano médico diferenciado, seguro de vida. A forma e o valor desses incentivos podem variar, mas dificilmente uma companhia conseguirá entrar na lista das melhores do Brasil para trabalhar se não oferecê-los a seus colaboradores.

Da mesma forma, ainda no tocante às idéias-chave em termos de compensações materiais, vale notar a importância crescente que *a qualidade física do ambiente de trabalho* vem adquirindo na imagem da empresa junto aos funcionários. Nenhuma empresa, é lógico, tem o desejo e o objetivo de piorar as suas instalações. Mas quantas fazem algum esforço real para melhorá-las? Naturalmente, trata-se aqui de uma questão de disponibilidade financeira. Ou ela existe ou não existe. Se existir, não há dúvida de que o investimento é altamente compensador para melhorar a disposição das pessoas. As mais bem-sucedidas empresas americanas e européias se empenham em ter instalações cada vez mais bem planejadas; e no Brasil um número crescente de organizações também tem apostado nisso. Não apenas por uma questão de prestígio, mas porque há ganhos claros na satisfação dos funcionários, e, em conseqüência, melhorias de eficiência e produtividade.

Basta ver, nesse sentido, a multiplicação por quase toda parte dos chamados "edifícios inteligentes", ou de primeira classe — se existe mercado para sua construção é porque existem empresas dispostas a comprá-los ou alugá-los, e se fazem isso é porque vale a pena. O mesmo se pode dizer das instalações industriais modernas, cada vez mais atentas a um planejamento rigoroso no tocante ao conforto geral dos funcionários. A noção básica de que o ambiente físico do trabalho deve ser projetado e construído colocando quem trabalha no centro das preocupações torna-se cada vez mais presente. Questões como ergonometria, economia de movimentos, iluminação, temperatura, móveis, divisão de espaços que leva em conta o convívio de fumantes e de não-fumantes, áreas de repouso e relaxamento — tudo isso vem ganhando importância e agindo de maneira muito positiva sobre a satisfação dos funcionários. Os equipamentos existentes no local de trabalho, sejam eles técnicos ou destinados ao conforto dos empregados, devem estar à disposição de todos. E as exigências atuais de uma boa instalação não se limitam mais aos tradicionais refeitório e ambulatório. Incluem, por exemplo, coisas como academia de ginástica e cafeteria. Isso para ficar apenas em dois dos itens mais populares entre os funcionários hoje em dia.

Por fim, há que se considerar os estímulos materiais que envolvem a capacitação profissional das pessoas, e que para muitos empregados constituem uma importante remuneração indireta. Por exemplo:

- Muitas empresas dedicam grande parte do seu esforço nessa área a treinamento, cursos, aulas de inglês, palestras, seminários, *workshops*.
- Outras tantas pagam a participação dos seus funcionários mais graduados no circuito anual de conferências feitas no Brasil pelos grandes gurus internacionais do mundo de negócios.
- Investem pesado em convenções, programas de incentivo e projetos de motivação.
- Muitas companhias mandam seus executivos para projetos de trabalho no exterior por um, dois ou mais anos.
- Algumas se empenham seriamente em incentivar seus profissionais mais promissores a fazer cursos de pós-graduação ou mestrados no Brasil ou em universidades estrangeiras de primeira linha.

Levam clara vantagem nisso tudo, naturalmente, empresas que adotam políticas agressivas de remuneração: salários altamente competitivos, acima dos níveis do mercado; pacotes importantes de benefícios — carro, seguro de vida, plano médico altamente diferenciado, planos de aposentadoria individual com contribuições generosas da empresa; cartão de crédito; sistemas de bônus que ofereçam possibilidades de se chegar ao dobro — ou mais — do salário básico anual; pagamento de "luvas" na contratação de executivos, e por aí afora. Mas o fundamental, seja qual for a extensão das recompensas materiais oferecidas, a cultura da empresa ou a sua disponibilidade de recursos, é *a lógica e a transparência nas normas adotadas pela organização em suas práticas de salários e benefícios.* Regras que falham na racionalidade, que não são imediatamente compreensíveis para todos os funcionários, que são obscuras ou vagas, que apresentam falhas de consistência ou regularidade, funcionam como um veneno mortal para qualquer sistema de remuneração.

É igualmente vital que a empresa leve o funcionário a *entender a dimensão real da sua remuneração*, porque ele está em tal ou qual faixa de salário e o que pode fazer na prática para melhorá-la. Freqüentemente, na verdade com muito mais freqüência do que se pensa, há funcionários que acreditam ganhar *menos* do que realmente estão ganhando, por calcularem mal os diversos itens que compõem a sua remuneração. Ou então que imaginam, por algum equívoco, estar abaixo do nível salarial em que deveriam estar. Da mesma forma, muitos profissionais têm expectativas de remuneração claramente superiores às suas habilidades — ou confundem seu estilo de vida (e seu conseqüente nível de despesas...) com o valor que deveria ter seu salário. Em geral, o motivo dessas distorções é um só: falta de informação correta para o funcionário, fruto da incapacidade ou do desinteresse da empresa em comunicar-se de maneira construtiva e eficiente com ele.

Sejamos realistas: no fundo, e na vida concreta do ambiente de trabalho, as pessoas, mesmo as mais talentosas, não esperam receber salários milionários e cada vez maiores. Em geral, são suficientemente razoáveis para não pensar assim. O que conta, para a sua satisfação, é ver racionalidade naquilo que ganham. E, principalmente, o fato de trabalharem numa organização onde existam condições verdadeiras para serem um agente ativo de avanços em seu próprio salário — e entenderem que remuneração não é algo determinado de forma arbitrária pela empresa.

Tome Nota

- *Empresas que pagam mal estão se colocando automaticamente fora de qualquer lista de melhores.*
- *Devem ganhar mais os que fazem mais e fazem melhor.*
- *As recompensas materiais não podem parecer um sonho — têm que ser algo que o funcionário pode efetivamente obter.*
- *É indispensável que as regras para remuneração e benefícios tenham lógica e transparência.*

BankBoston

As instituições financeiras, tradicionalmente, pagam bons salários. O BankBoston, que opera no Brasil desde 1947, não é exceção. O banco considera o nível dos seus profissionais acima da média do mercado e, portanto, sua remuneração deve estar, igualmente, acima da média do mercado. A faixa salarial, entre fixa e variável, dos funcionários do BankBoston está no terceiro quartil. Um executivo da área de negócios, por exemplo, pode ganhar até 20 salários por ano. Claro que isso não depende só da sua performance individual, mas do desempenho do banco como um todo. De qualquer forma, a possibilidade é real e acontece todos os anos para um monte de gente. Além disso, os 4 mil funcionários, sem exceção, recebem anualmente sua parcela de participação nos resultados do banco. Em 2002, o nível hierárquico mais baixo levou para casa, no mínimo, dois salários a mais, além dos 13 convencionais.

Os benefícios são uma delícia. Os seguros médico e odontológico são de primeira linha, não têm custo para o funcionário e incluem a família. Há plano de saúde para os agregados (pai e mãe, sogro e sogra) por apenas 30% do custo. Ainda na área de saúde, existe um programa de apoio pessoal, o PAP, que cobre todos os procedimentos que os seguros médicos normalmente não cobrem: tratamentos psicológicos, de fonoaudiologia, RPG, acupuntura, *shiatsu* e massagens terapêuticas. Detalhe: esses cuidados podem ser recebidos no próprio local de trabalho. Há ainda seguro de vida e um belo plano de previdência privada que permite que o pessoal se aposente com 60% do último salário. Além de todos esses, o banco oferece um benefício diferenciado e utilíssimo: assistência jurídica. Quem precisar de um advogado, seja por ter sofrido um acidente, por estar se divorciando ou por qualquer desses imprevistos que fazem parte da vida, pode ligar para o escritório de advocacia com o qual o banco tem parceria e receber a devida orientação. Se o problema puder ser resolvido em alguns telefonemas, nada será cobrado. Se o caso requerer acompanhamento pessoal, o funcionário pagará o preço da tabela da OAB. O valor desse benefício não está apenas na economia que se fará em dinheiro; o principal é a qualidade do atendimento que a pessoa receberá ao se apresentar como funcionário do BankBoston.

O banco tampouco poupa no desenvolvimento do seu pessoal. Por meio da Boston School, sua universidade corporativa, os empregados recebem os mais diversos e modernos treinamentos técnicos e comportamentais. Eles podem escolher o que querem fazer e, assim, dirigir seu próprio crescimento. Na verdade, o BankBoston parece ter entendido bem o conceito de que motivação é algo que vai muito além do dinheiro que se possa pagar aos empregados. E como, para a organização, profissionais motivados são vitais, a estratégia que vem sendo utilizada já há alguns anos (e até imitada pela concorrência) é tratar as pessoas bem, fazer o que for possível para que elas gostem da empresa e cuidar constantemente para que o ambiente de trabalho seja gostoso. O resultado prático dessa estratégia é visível até para os clientes. Numa rápida entrada em qualquer agência, logo se sente o que é atendimento "primeira classe".

Ferrari

Bem diferente do que ocorre atualmente na Fiat, sua controladora majoritária, envolvida numa complicada crise de identidade e de desempenho econômico, os 2.500 funcionários da Ferrari não têm do que reclamar. Primeiro porque a produção não precisou ser reduzida por queda nas vendas — os milionários de todo o mundo continuam os mesmos, ou seja, não sabem o que é crise, e continuam comprando Ferraris. E como há mais milionários do que Ferraris, um carro praticamente feito à mão (e que mãos!), a lista de espera por um modelo da montadora italiana, com sede em Maranello, continua sendo de dois anos. Segundo, porque os salários são acima da média, e o conforto oferecido a quem trabalha ali está entre as maiores vantagens que uma empresa pode oferecer a seus funcionários. Para começar, o restaurante da fábrica tem o cardápio assinado por *chefs.* Todos os funcionários podem usar uma academia que é uma das mais bem equipadas da região, fazem *checkup* uma vez por ano na clínica da empresa e têm à disposição um programa completo de treinamento via Internet — que pode ser feito em casa e inclui os mais diversos cursos, inclusive de idiomas.

Mas esse tipo de coisa pode ser encontrado em muitos outros lugares. O que conta pontos de verdade na satisfação dos funcionários é que a Ferrari só contrata gente que ama o que faz. Todos ali são apaixonados por carros — e trabalhar na Ferrari, como é fácil imaginar, é o seu sonho de vida profissional. (Não é à toa que há muito mais homens trabalhando ali, considerando-se que são apenas 40 mulheres, no setor de estofamento.) Como tudo é feito de forma artesanal, o departamento de RH busca seus profissionais entre pessoas que já mantêm uma relação de admiração pelo mercado de automóveis esportivos. De preferência, entre os milhares que sonham com uma Ferrari na garagem. Em termos de orgulho pela empresa onde se trabalha, poucos podem competir com a companhia fundada pelo Comendador Enzo Ferrari. E essa é uma das razões pelas quais ela está entre as 10 melhores empresas para trabalhar em toda a Europa.

Femsa

A Femsa é a fabricante das principais marcas de cerveja mexicanas e também a maior engarrafadora da Coca-Cola do México. Há poucos meses a empresa comprou a Pananco e tornou-se, assim, a maior engarrafadora da Coca-Cola de toda a América Latina. Na Femsa os números são gigantescos. Faturamento: US$5 bilhões em 2002. Empregados: quase 42 mil. Fábricas: 27. Estima-se que a aquisição da Pananco aumentará o número total de empregados para aproximadamente 60 mil e o de fábricas, para 50. Com sede em Monterey, a Femsa agora está presente na Guatemala, Nicarágua, Costa Rica, Panamá, Colômbia, Venezuela, Brasil e Argentina.

No que diz respeito à operação mexicana, a Femsa, empresa mais do que centenária, é uma referência em termos de qualidade no clima organizacional. A companhia foi fundada em 1890 por um grupo de empresários com o nome de Cervecería Cuauhtémoc e a preocupação com o bem-estar dos empregados — eram apenas 70, no começo — nasceu junto com ela. Desde então, isso faz parte da sua filosofia. Já em 1918, época em que muito poucas organizações, no mundo inteiro, davam qualquer importância à satisfação do quadro de pessoal, seus donos, em conjunto com os funcionários, criaram uma cooperativa para administrar os benefícios e serviços que queriam prestar aos empregados e seus familiares. A cooperativa (SCYF — Sociedad Cuauhtémoc y Famosa) que obviamente não tem fins lucrativos, foi aperfeiçoando sua atuação ao longo dos anos e hoje garante aos empregados um leque de facilidades invejável. Financiamento para casa própria; empréstimos; clube com piscinas, salões e diversas quadras para a prática de esportes nas cidades em que a empresa tem fábricas; academias de ginástica; campos de futebol; escola para os filhos dos empregados estudarem desde o ensino fundamental até o ensino médio (são seis ao todo); seguro de vida, seguro do carro, seguro contra acidentes em viagens e várias outras modalidades de seguro; cupons de descontos em algumas casas comerciais; assessoria jurídica; plano de aposentadoria; lar para aposentados e cesta básica. O capital da SCYF é de US$100 milhões.

Há também um hospital de primeira linha preparado para atender a qualquer tipo de emergência dos empregados e familiares. Esse hospital foi criado em 1945, quando não havia no México um seguro social equivalente ao nosso INSS. Depois de instituído o seguro (chama-se IMSS), a Femsa passou a depositar a sua parte e a dos empregados mensalmente. Graças a um acordo feito com o governo mexicano, em que ficou claro que os serviços prestados pela empresa são tão bons quanto os oferecidos pelo governo, o hospital da Femsa em Monterey recebe um valor mensal do governo, assim como qualquer outro hospital credenciado. Os funcionários que moram em outras cidades onde há operações da empresa contam com plano de saúde. Um dos maiores orgulhos do atual presidente da Femsa, José Antonio Fernández, é que todos esses serviços colocados à disposição dos empregados não são conseqüência de lutas trabalhistas, mas sim uma iniciativa da própria empresa. Em 113 anos de vida, nunca houve ali uma greve.

Essa paz é absolutamente compreensível. Além dos benefícios, a Femsa oferece toda a parte de capacitação, que também recebe grandes investimentos. As pessoas são constantemente treinadas nas técnicas mais modernas de medição, qualidade, produtividade, gestão, idiomas e tudo o que de alguma forma possa incrementar a sua qualificação profissional. A maioria dos operários fala inglês. Há chances reais de crescer, pois a própria companhia não pára de crescer. Com tantos atrativos, é difícil alguém sair da organização — e muito fácil de entender por que em 2002, ela tenha atingido o primeiro lugar na lista das melhores empresas do México para trabalhar.

10

Tudo começa com o presidente

Uma empresa só pode estar entre as melhores se o presidente tomar para si a principal responsabilidade pela execução do projeto de chegar lá

Projetos de melhoria do ambiente de trabalho exigem um pressuposto fundamental: *o envolvimento direto, verdadeiro e constante do presidente da empresa.* Na verdade, ele tem que ser o líder número 1 do projeto, seu principal animador e seu mais ativo participante. Uma empresa na qual o presidente apenas encomenda e aprova o trabalho, deixando sua execução e acompanhamento a cargo de executivos do segundo escalão (ou até mesmo do primeiro), está, no mais das vezes, apenas perdendo seu tempo, energia e dinheiro.

Por quê? Porque se não há o compromisso real — e visível para todos, no dia-a-dia do trabalho — da principal pessoa da organização com o esforço de melhorar o ambiente, as lideranças que estão abaixo também tenderão a não se envolver realmente no projeto. Nisso serão acompanhadas pelas chefias que se reportam a elas, e assim sucessivamente. O resultado é que as transformações práticas que deveriam resultar do projeto acabam não sendo implementadas na vida real da empresa, são implementadas apenas em parte, ou, ainda, são implementadas de forma precária, deficiente e ineficaz.

Só *a participação do presidente dá força real à execução das mudanças* a serem propostas por um projeto que tenha o objetivo de colocá-la entre as melhores do país para trabalhar. Quando ele deixa claro que tem interesse direto e pessoal na questão, que é o seu principal "advogado" dentro da empresa, e que vai, sim, acompanhar a execução das mudanças e cobrar resultados, as demais lideranças da organização são automaticamente levadas a seguir o exemplo e participar com entusiasmo e sinceridade do esforço de transformação, numa reação em cadeia que se entende por todos os degraus da hierarquia.

O centro da questão resume-se ao seguinte: um projeto de melhoria efetiva do clima organizacional de uma empresa *não é uma tarefa para o RH, e sim para o presidente*. Os profissionais da área de recursos humanos, obviamente, têm um papel crucial no processo. Cabe a eles, por exemplo, cuidar das numerosas questões técnicas que qualquer projeto desse tipo envolve — estruturas salariais, definição e dimensão dos benefícios, detalhes dos planos de carreira, formulação das ações de treinamento, entre outras. É da sua alçada, também, dar suporte aos diversos níveis de gerência na execução prática das medidas constantes no projeto. O RH tem, igualmente, um papel essencial em fornecer parâmetros, pesquisar o que fazem os concorrentes, buscar *benchmarkings* e auxiliar o presidente e o escalão mais alto da empresa na estratégia geral. Mas não lhe cabe decidir o que deve ser feito, nem a responsabilidade por liderar a transformação. O "patrono número 1" das mudanças tem que ser o líder da empresa. Só assim o projeto terá a credibilidade essencial para o seu êxito.

Da mesma forma, não basta que o projeto de melhoria do ambiente de trabalho seja aprovado para se considerar que está tudo bem. Este, aliás, é um dos grandes problemas que tenho tido a oportunidade de constatar em minhas experiências na área. Desenha-se um belo projeto, o presidente se entusiasma, bola-se um nome bacana ("Todos Juntos", "O Foco é Você", "Cresça Conosco"), todo mundo bate palmas — e pronto. Assim não funciona. O *projeto tem que ser realmente vivido no cotidiano da organização,* a partir do momento em que foi aprovado, durante todo o tempo, por todos os responsáveis pela sua execução. E como fazer isso, de verdade, sem o presidente da empresa estar diretamente envolvido nas coisas? Dar o exemplo — eis o verdadeiro nome do jogo. Exemplos concretos, como se sabe, valem mais do que qualquer coisa escrita num manual ou num programa, na vida real de uma empresa. E se o exemplo não vem de cima...

Na verdade, um dos principais obstáculos para a melhoria do clima organizacional de uma empresa é a vasta distância que freqüentemente separa o presidente e os níveis mais altos da hierarquia dos funcionários de linha. Essa barreira só pode ser efetivamente removida por meio da *participação concreta das lideranças na realidade prática das operações diárias da organização* — obviamente, à medida que isso for possível, de maneira judiciosa e dentro dos parâmetros do bom senso. Sentir pessoalmente como é, de verdade, o trabalho concreto dos funcionários, não apenas ajuda os principais executivos da empresa a entenderem melhor o desempenho dos subordinados. Isso lhes permite, muitas vezes, terem idéias de mudanças e melhorias que só eles mesmos têm o poder de executar. Mais: agindo assim, o primeiro escalão adquire conhecimentos decisivos, baseados em fatos e não em teorias, para ampliar o grau de satisfação dos colaboradores em relação à empresa. (Isso para não dizer que adquirem mais conhecimento sobre o próprio negócio.) A participação do presidente e dos homens da cúpula no cotidiano é essencial, também, para fazer os funcionários perceberem que *existe um compromisso da organização* para com eles, um esforço concreto para entender seus problemas e sua realidade. Esse tipo de ação por parte das lideranças é um dos mais potentes fatores de motivação a que uma empresa pode recorrer.

As empresas brasileiras ainda têm um imenso caminho a percorrer nessa área, mas algumas já começaram a caminhada. Aqui e ali, registram-se casos em que, por exemplo, o presidente da empresa, em pessoa, passa periodicamente algumas horas trabalhando lado a lado de um operador no *call-center*, utilizando a mesma tela e os mesmos fones que este utiliza, ouvindo o cliente, vivendo na própria pele as mesmas pressões e problemas do seu funcionário. (Sempre vale lembrar que, para o consumidor do outro lado da linha, *esse funcionário é a empresa.*) O presidente pode, ainda, acompanhar, passo a passo, o dia de trabalho de um vendedor junto aos clientes — por que não? Ou, ainda, participar de uma negociação com fornecedores, de uma visita da assistência técnica ou de um programa de treinamento. Seja qual for a área escolhida, trata-se de um dos mais rentáveis investimentos do próprio tempo que um presidente ou alto executivo pode fazer.

Volto, agora, à pergunta colocada no começo de tudo: *como uma empresa chega lá?* Como ela pode aspirar seriamente a entrar na lista das melhores do Brasil?

Resposta: começando por adotar na sua realidade diária atitudes e práticas expostas ao longo de cada um dos capítulos deste livro. Todas, se for possível. Ou a maior parte. Ou, então, algumas agora, outras mais adiante, até o máximo possível.

Para isso, o mais importante é o *real compromisso dos dirigentes da empresa em transformá-la num dos melhores lugares do país para trabalhar* — e em mantê-la assim. Sem esse comprometimento, sem o empenho verdadeiro e permanente daqueles que decidem, sem o seu envolvimento nos detalhes, na cobrança de progressos, na fiscalização do que está e não está sendo feito — bem, sem isso não vai se chegar a lugar nenhum. As melhores intenções, os melhores discursos, os melhores consultores em clima organizacional não vão adiantar nada.

Por fim, vem à minha memória um caso que testemunhei pessoalmente, tempos atrás, em meu trabalho como jornalista na edição do *Guia Exame — As 100 Melhores Empresas para Você Trabalhar.* O presidente de uma grande empresa brasileira, ao ver que sua companhia não tinha conseguido entrar na última lista das melhores do país, chamou imediatamente à sua sala o diretor de RH. "Você está encarregado de fazer nossa empresa entrar na lista do ano que vem", disse ele. "É uma questão de honra. Não vou admitir que a gente continue de fora. Pagamos os melhores salários do mercado. Oferecemos os melhores benefícios. Nossa conduta junto aos funcionários é exemplar. Temos que estar na lista!"

Nunca mais o presidente chamou o diretor de RH para tratar disso. O diretor de RH, por sua vez, fez uma reunião com alguns gerentes para discutir a questão — e também nunca mais voltou a tocar no assunto.

A empresa continua fora da lista das melhores.

Tome Nota

- *Se o presidente não se envolve de verdade, ninguém se envolve de verdade.*
- *Não cabe à área de RH assumir a liderança pela execução dos projetos de melhoria do ambiente de trabalho.*
- *Uma empresa só consegue criar um grande ambiente de trabalho se a sua intenção de fazer isso for vivida no cotidiano.*
- *As chances de sucesso serão tanto maiores quanto menor for a distância, na vida real da empresa, entre o primeiro escalão e os funcionários de linha.*

Pizza Hut

Não muito tempo atrás, o presidente mundial da Pizza Hut, Michael Rawlings, resolveu dedicar parte do seu tempo de almoço para uma missão peculiar: ligar, pessoalmente, para alguns clientes. (Sim, você entendeu bem: Rawlings é o *presidente* da empresa.) O objetivo? Conhecer melhor os consumidores dos produtos da Pizza Hut. Para escolher as pessoas a quem vai ligar, Rawlings utiliza o critério do "quem pede mais pizza por telefone" e liga para a casa delas com a intenção de saber o que gostam na Pizza Hut, o que não gostam, o que gostariam de mudar, e coisas do gênero. "Assim posso entender melhor o que meus clientes querem, o que precisam e como a empresa pode ser mais útil para eles", diz o presidente.

Certa vez, logo que começou a fazer essas ligações, Rawlings telefonou para uma mulher que pedia 20 pizzas grandes por mês. Surpresa: ela não acreditava que o presidente da Pizza Hut estava ligando para sua casa. Depois de convencida, explicou que seus filhos adoravam as pizzas da Hut, por isso consumiam tanto. Rawlings pediu que a cliente falasse um pouco mais da sua vida e ela disse que simplesmente não tinha vida. Tinha cinco filhos — o mais velho com 11 anos — não tinha marido, trabalhava como atendente num restaurante e fazia bicos, nos fins de semana, num hotel barato da cidade para completar a renda. Não tinha suporte para a educação dos filhos. Rawlings perguntou se alguém já lhe havia dito que ela era uma boa mãe. "Não", respondeu a mulher. "Então escute agora", disse ele, "você é uma ótima mãe." Ela começou a chorar. E ele concluiu: "Obrigado pela sua história, porque esse foi um grande aprendizado sobre o que significa respeito aos clientes."

A história foi difundida pela empresa e hoje se tornou hábito entre os diretores e gerentes da Pizza Hut usar parte das horas de descanso para ligar para clientes fiéis ou conversar com os funcionários, tentando conhecer melhor suas necessidades e ambições dentro da empresa. Essa atitude jamais teria sido imitada pelos diretores e gerentes se não tivesse partido do próprio presidente — nada mais eficaz que o exemplo.

Quanto isso terá custado para a empresa?

Tigre

Na Tigre, tradicional indústria de tubos e conexões de Santa Catarina, funcionários que completam 10, 15 e 20 anos na empresa *sabem, sempre,* que a data foi notada, e muito bem notada: recebem em suas casas a visita pessoal do presidente e, junto com isso, prêmios. Essa demonstração muito simples de que a empresa é capaz de ver seus colaboradores com interesse humano tem conseguido tocar os funcionários. Eles acham que faz diferença, sim, o fato de serem lembrados dessa forma — e se preparam com entusiasmo para a visita do chefe. Uma grande festa é armada pelo pessoal da corporação na casa do trabalhador festejado.

Não se fica apenas nisso, é claro. Tudo, dentro da Tigre, é discutido entre todos, com proximidade. Diretores e gerentes costumam promover cafezinhos com suas equipes para trocar idéias sobre a atuação no trabalho, além de tirar dúvidas e ouvir sugestões. Também há comitês e discussões para os 2.500 funcionários darem suas opiniões ou serem orientados sobre os rumos da empresa. Verificado qualquer problema, é só recorrer ao ombudsman da Tigre, papel que o próprio presidente exerce. O presidente/ombudsman garante que o funcionário pode reclamar sem medo que isso pese contra ele depois. Além disso, os trabalhadores que passam por situações financeiras complicadas podem dispor de um serviço de orientação financeira. Um especialista ajusta as despesas, facilita empréstimos e aponta estratégias para a administração do orçamento familiar.

11

Empresas boas para trabalhar são mais lucrativas

Homens de negócios que têm a cabeça no lugar levam muito a sério a criação de um bom ambiente de trabalho para seus empregados

Quando uma empresa consegue ser regularmente avaliada como um dos melhores lugares do mercado para trabalhar, quando consegue reunir no seu quadro de funcionários pessoas talentosas, motivadas, capazes de entender que há interesses comuns entre elas e a companhia — e, sobretudo, quando consegue reter esse tipo de gente —, os efeitos, na linha final do balanço de cada ano, não deixam margem a dúvidas: *é um excelente negócio, para os acionistas, proporcionar aos funcionários da empresa um grande ambiente de trabalho*. Sim, excelente negócio em termos de dinheiro vivo.

Tempos atrás, o jornalista americano Robert Levering, autor do livro *The 100 Best Companies to Work for in*

America (sem tradução para o português), e que como já disse foi a publicação que me inspirou a criar o *Guia Exame — As 100 Melhores Empresas para Você Trabalhar*, demonstrou com muita clareza essa realidade em um de seus artigos. "Por que uma empresa deveria se preocupar em satisfazer os anseios dos seus funcionários e tratá-los bem?", escreveu Levering. Resposta: "Para que eles gostem de trabalhar lá. Mas se o objetivo de uma empresa é ganhar dinheiro e não fazer com que as pessoas se sintam bem, por que homens de negócios com a cabeça no lugar desperdiçariam seu tempo, tentando criar um bom local de trabalho para os funcionários? Justamente porque eles são homens de negócios com a cabeça no lugar."

De fato, existem hoje diversos estudos que provam que ter *a admiração dos empregados é um fator decisivo para a boa saúde financeira das empresas*. Um dos mais ilustrativos foi feito em 1998, ano em que a revista americana *Fortune* fez, pela primeira vez, a lista das 100 melhores empresas para trabalhar nos Estados Unidos. Depois que a lista foi compilada, os editores da *Fortune* compararam os resultados financeiros dessas companhias de capital aberto com diversos índices do mercado de ações americano. *Nos últimos 10 anos, as empresas que estavam no ranking das melhores empresas da Fortune tiveram retornos anuais de 23,4% em média — contra apenas 14,8% do Frank Russell 3000*, um índice que reflete o desempenho das 3 mil maiores empresas americanas. Na verdade, o desempenho das empresas que buscam excelência em termos de ambiente de trabalho não só era como continua superior ao do mercado. Uma empresa de Wall Street acompanhou o comportamento dessas companhias nos seis meses seguintes à publicação da lista. E descobriu que, enquanto as médias de dois índices — o Dow Jones e o Standard & Poor's 500 — subiram, respectivamente, 13,2 e 16,6%, as 100 melhores da *Fortune* tiveram 25% de alta. Estudos parecidos podem ser vistos nos Gráficos 1, 2, 4 e 5.

Pesquisas nessa mesma linha têm sido elaboradas todos os anos com indicadores econômicos de diversos países, pois a lista das melhores empresas para trabalhar tornou-se global. Hoje, ela é feita em 26 países — 3 na Ásia, 15 na União Européia e 8 nas Américas do Norte e do Sul. Depois de publicada a primeira lista das melhores empresas do Reino Unido, em 2001, o *Sunday Times* veiculou um estudo que faz até o mais cético dos empresários acreditar que boas práticas de recursos humanos resultam em mais lucros. Uma pessoa que tivesse aplicado US$100 nas 50 melhores empresas (US$2 em cada uma) teria visto, depois de cinco anos, esse valor ser multiplicado por cinco. Esses mesmos US$100 aplicados no Financial Times Stock Exchange, um índice similar ao Bovespa, pelos mesmos cinco anos, teriam rendido muito menos — cerca de 180%. Esse estudo está bem ilustrado no Gráfico 3.

A lucratividade das melhores empresas para trabalhar manifesta-se, também, na coluna das despesas, pois elas poupam recursos preciosos ao reterem os bons profissionais em seus quadros. Quando uma empresa perde um colaborador eficiente, perde também tudo o que foi investido nele até então — do recrutamento aos cursos, seminários, viagens e benefícios. É uma perda que será dobrada quando se considera que é preciso formar outras pessoas para substituírem as que saíram.

De acordo com estimativas feitas pela consultoria Hay e publicadas pela revista *Exame*, seis anos atrás essa perda podia custar algo entre R$300 e R$600 mil, no caso de um profissional mediano. Com um executivo de primeira linha, a conta dos custos de saída começava na casa do milhão. É preciso encontrar um substituto, e isso pode demorar. É preciso arcar com as faturas de um *headhunter*. As despesas e o tempo que se gasta para formar um novo profissional — nunca menos de um ano, às vezes dois ou três — também precisam ser considerados. Há ainda os ativos que os funcionários talentosos levam junto quando vão embora: clientes, fornecedores, contatos de parcerias, e até — por mais éticos que sejam — projetos. Mas talvez o pior dos prejuízos seja o fato de que, ao deixar a empresa, os talentos, em geral, vão fortalecer o concorrente. Há alguma dúvida de que é para lá que eles vão?

Tome Nota

- *A admiração dos funcionários é um fator decisivo para a boa saúde financeira das empresas.*
- *Nos últimos 10 anos, nos Estados Unidos, as melhores empresas para trabalhar tiveram retornos muito superiores aos das demais companhias.*
- *As empresas poupam recursos preciosos ao reterem os bons profissionais em seus quadros.*

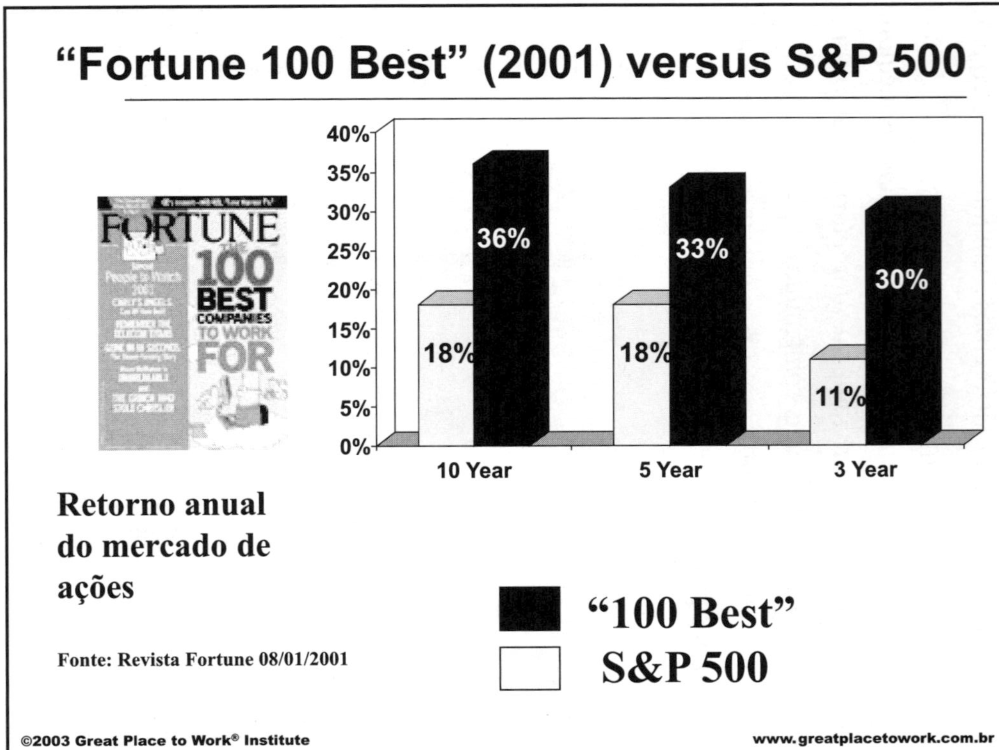

"Fortune 100 Best" (2001) versus S&P 500
FORTUNE
THE 100 BEST COMPANIES TO WORK FOR
40%
35%
30%
25%
20%
15%
10%
5%
0%
36%
18%
33%
18%
30%
11%
10 Year
5 Year
3 Year
Retorno anual do mercado de ações
Fonte: Revista Fortune 08/01/2001
"100 Best"
S&P 500
©2003 Great Place to Work® Institute
www.greatplacetowork.com.br

“Fortune 100 Best” x mercado de ações

Retorno anual – 1998 a 2002

(Investimento distribuído igualmente entre as empresas de cada índice; composição do porfólio ajustada anualmente)

Fonte: Frank Russell Company, 2003

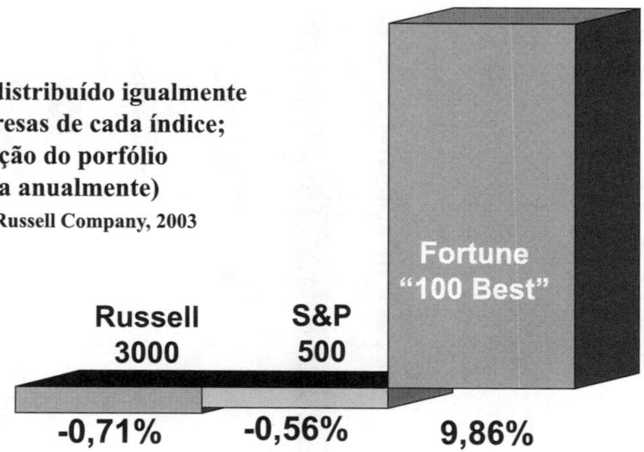

"50 Melhores" Reino Unido x FTSE

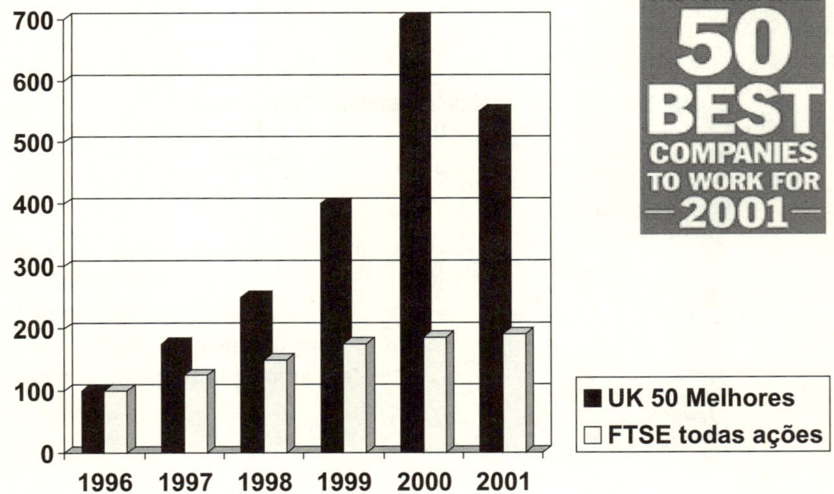

Fonte: Sunday Times, 2001

Fortune "100 Best" x Mercado de ações

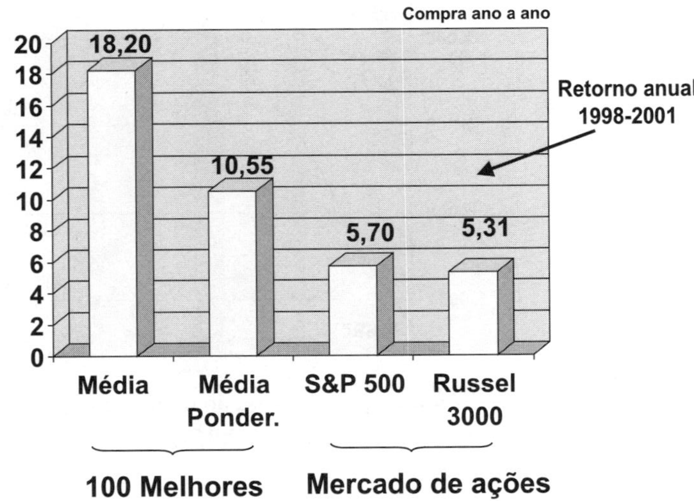

Fonte:

Frank Russel, 2002

Comparativo de Retorno de Investimento

Fonte: Great Place to Work® Institute.Baseado na porcentagem de retorno sobre investimento em ações das 100 melhores da revista Fortune de 2001, versus ações dos índices Standard & Poors e Dow Jones Industrial Average, durante o mesmo período de tempo.
Obs.: Para este estudo, foram consideradas, dentre as 100 melhores, apenas as 56 empresas que têm ações em bolsa.

S&P 500 e DJIA x 100 Best (2001)
Porcentagem de retorno em 10 anos

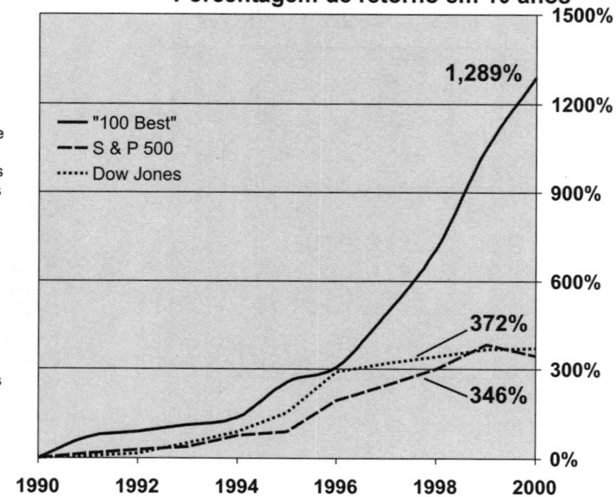

www.greatplacetowork.com.br

Qual(is) o(s) conteúdo(s) de seu interesse?

Jurídico - ☐ Livros Profissionais ☐ Livros Universitários ☐ OAB ☐ Teoria Geral e Filosofia do Direito

Educação & Referência - ☐ Comportamento ☐ Desenvolvimento Sustentável ☐ Dicionários e Enciclopédias ☐ Divulgação Científica ☐ Educação Familiar ☐ Finanças Pessoais ☐ Idiomas ☐ Interesse Geral ☐ Motivação ☐ Qualidade de Vida ☐ Sociedade e Política

Negócios - ☐ Administração/Gestão Empresarial ☐ Biografias ☐ Carreira e Liderança Empresariais ☐ E-Business ☐ Estratégia ☐ Light Business ☐ Marketing/Vendas ☐ RH/Gestão de Pessoas ☐ Tecnologia

Concursos - ☐ Administração Pública e Orçamento ☐ Ciências ☐ Contabilidade ☐ Dicas e Técnicas de Estudo ☐ Informática ☐ Jurídico Exatas ☐ Língua Estrangeira ☐ Língua Portuguesa ☐ Outros

Universitário - ☐ Administração ☐ Ciências Políticas ☐ Computação ☐ Comunicação ☐ Economia ☐ Engenharia ☐ Estatística ☐ Finanças ☐ Física ☐ História ☐ Psicologia ☐ Relações Internacionais ☐ Turismo

Áreas da Saúde - ☐ Anestesia ☐ Bioética ☐ Cardiologia ☐ Ciências Básicas ☐ Cirurgia ☐ Cirurgia Plástica ☐ Cirurgia Vascular e Endovascular ☐ Dermatologia ☐ Ecocardiologia ☐ Eletrocardiologia ☐ Emergência ☐ Enfermagem ☐ Fisioterapia ☐ Genética Médica ☐ Ginecologia e Obstetrícia ☐ Imunologia Clínica ☐ Medicina Baseada em Evidências ☐ Neurologia ☐ Odontologia ☐ Oftalmologia ☐ Ortopedia ☐ Pediatria ☐ Radiologia ☐ Terapia Intensiva ☐ Urologia ☐ Veterinária

Outras Áreas - ______________________________

Tem algum comentário sobre este livro que deseja compartilhar conosco?

____

* A informação que você está fornecendo será usada apenas pela Elsevier e não será vendida, alugada ou distribuída por terceiros sem permissão preliminar.
* Para obter mais informações sobre nossos catálogos e livros por favor acesse **www.elsevier.com.br** ou ligue para **0800 026 53 40.**

Serviços de impressão e acabamento
EDITORA SANTUÁRIO